梅源芒种开犁节

梅源芒种开犁节

总主编 陈广胜

浙江省非物质文化遗产代表作丛书

叶林红 黄来松 编著

浙江古籍出版社

浙江省非物质文化遗产
代表作丛书编委会

前 言

浙江省文化广电和旅游厅党组书记、厅长 陈广胜

中华文明在五千多年的历史长河里创造了辉煌灿烂的文化成就。多彩非遗薪火相传，是中华文明连续性、创新性、统一性、包容性、和平性的生动见证，是中华民族血脉相连、命运与共、绵延繁盛的活态展示。

浙江历史悠久、文明昌盛，勤劳智慧的人民在这块热土创造、积淀和传承了大量的非物质文化遗产。昆曲、越剧、中国蚕桑丝织技艺、龙泉青瓷烧制技艺、海宁皮影戏等，这些具有鲜明浙江辨识度的传统文化元素，是中华文明的无价瑰宝，历经世代心口相传、赓续至今，展现着独特的魅力，是新时代传承发展优秀传统文化的源头活水，为延续历史文脉、坚定文化自信发挥了重要作用。

守护非遗，使之薪火相续、永葆活力，是时代赋予我们的文化使命。在全省非遗保护工作者的共同努力下，浙江先后有五批共241个项目列入国家级非遗代表性项目名录，位居全国第一。如何挖掘和释放非遗中蕴藏的文化魅力、精神力量，让大众了解非遗、热爱非遗，进而增进文化认同、涵养文化自信，在当前显得尤为重要。2007年以来，我省就启

动《浙江省非物质文化遗产代表作丛书》编纂出版工程，以"一项一册"为目标，全面记录每一项国家级非遗代表性项目的历史渊源、表现形式、艺术特征、传承脉络、典型作品、代表人物和保护现状，全方位展示非遗的文化内核和时代价值。目前，我们已先后出版四批次共217册丛书，为研究、传播、利用非遗提供了丰富详实的第一手文献资料，这是浙江又一重大文化研究成果，尤其是非物质文化遗产的集大成之作。

历时两年精心编纂，第五批丛书结集出版了。这套丛书系统记录了浙江24个国家级非遗代表性项目，其中不乏粗犷高亢的嵊泗渔歌，巧手妙构的象山竹根雕、温州发绣，修身健体的天台山易筋经，曲韵朴实的湖州三跳，匠心精制的邵永丰麻饼制作技艺、畲族彩带编织技艺，制剂惠民的桐君传统中药文化、朱丹溪中医药文化，还有感恩祈福的半山立夏习俗、梅源芒种开犁节等等，这些非遗项目贴近百姓、融入生活、接轨时代，成为传承弘扬优秀传统文化的重要力量。

在深入学习贯彻习近平文化思想、积极探索中华民族现代文明的当下，浙江的非遗保护工作，正在守正创新中勇毅前行。相信这套丛书能让更多读者遇见非遗中的中华美学和东方智慧，进一步激发广大群众热爱优秀传统文化的热情，增强保护文化遗产的自觉性，营造全社会关注、保护和传承文化遗产的良好氛围，不断推动非遗创造性转化、创新性发展，为建设高水平文化强省、打造新时代文化高地作出积极贡献。

目录

序言 // PREFACE

非物质文化遗产是一个地区人类历史活动的见证，也是先辈的心血和智慧的结晶。摇曳多姿，璀璨生辉的非物质文化遗产，既是民族精神的承载，也是文化创新的重要基础。中华传统文化博大精深，遗留给世人的既是一份份宝贵的财富，也是催促我们砥砺前行的一声声呼喊。这份历史的责任必然成为我们肩上无法推卸的重担。

云和县始建于明景泰三年（1452），地处浙西南，居瓯江上游，是丽水市的地理中心，自古被喻为"洞天福地"。多年来，客家文化、中原文化、畲族文化与本土的瓯越文化兼容并蓄，共同促成了云和文化的多元性。这方隐藏在瓯江山水之间的童话云和，是钟灵毓秀之地，人文荟萃之乡。

云和地形多山，大大小小的梯田密布其间。在物资匮乏的农耕时代，这一丘丘大小不一，形状各异的梯田，也就成了云和人代代相传的生命线。故而，在每年芒种时节，为迎接夏耕，云和县梅源山区的农民都要在梯田间举办大型的民俗活动，即梅源芒种开犁节，民间也称为"牛大王节"。以此来敬神娱人，寄托乡民对自然的敬畏、感恩及对富足安康生活的向往和追求。

近年，云和县紧紧抓住"绿水青山就是金山银山"的生态理念，依托开犁节活动带动了梯田旅游产业的发展，打响了地域旅游品牌，增强了区域文化共识，推动了和谐社会建设。梅源开犁节为展现云和农耕文明，助力乡村文化振兴，促进广大群众共同富裕，产生了积极而深远的影响。

当然，文化的传承，更需要一代代后来者的文化自觉和文化认知。《梅源芒种开犁节》一书，凝聚了主编、专家及有关人士的辛勤付出，系统介绍了梅源开犁节的由来、发展及演变过程，内容丰富，图文并茂，值得一读。相信该书的出版能够给更多的读者以精神的愉悦和心灵的启迪。"梅源芒种开犁节"也会在新一代人的保护传承和创新发展中不断迸发出新的生机和活力。

云和县人民政府副县长　朱振华

一、概述

云和梅源一带多山，其间多梯田，梯田农业是当地民众生存的主要方式。为使山、水、梯田、人等元素和谐地融为一体，在古代，免不了产生对神灵的崇拜和对耕牛的尊重，而这也成为云和迎神习俗和开犁节活动的重要源头。由于梅源地处高山地区，气温偏低，农事生产时间较平原地区为迟，故开犁节在每年的芒种时节举行。

一、概述

  云和县地处浙江省西南部，居瓯江上游，是丽水市的地理中心。云和地形多山，大大小小的梯田密布其间。每年芒种时节，为迎接夏耕，云和县梅源山区的农民会在梯田里举办大型的民俗活动，即梅源芒种开犁节，民间也称为"牛大王节"。该民俗活动的范围主要集中于云和县西南部的崇头镇一带，以梅竹、坑根、下垟等为中心的共18个村。

  梅源芒种开犁节的产生，源于当地久远的梯田垦殖历史和独特的农耕生活方式。同时，它也是畲汉民族共同参与和共同传承的结果。因云和多山少田，当地百姓为了生存，不得不开山造田，并不断扩大面积，从而形成了一定规模的梯田。另外，从历史上看，云和梯田的垦殖，还离不开大量的矿工。明朝洪武年间，云和作为朝廷银矿的重要产区，聚集了大批的矿工。为保障粮食等物质资源的供给，除开矿之外，矿工群体还参与了云和山区梯田的开垦耕作。明末清初，大量来自福建等地的畲民迁入云和。外来人口的急速增长，使得当地梯田耕作的规模进一步扩大。从而使梅源一带，山、水、梯田、人等元素和谐地融为一体。云和人

开犁盛况（邹金清摄）

日出而作，日落而息，凿井而饮，耕田而食，独特的地域特征和人文环境孕育出了古朴典雅的云和梯田文化。同时，随着时间的推移，和梯田文化相关的民俗活动也渐渐地产生和发展了起来。

梅源芒种开犁节习俗具体始于何时，因为缺乏历史资料而难

云和明代银矿原石（杨克新摄）

于准确地界定，但据现有资料显示，云和梅源一带的芒种开犁节习俗在明弘治五年（1492）已具备一定的规模，并一直不断扩大，距今至少有500余年了。受"文化大革命"影响，该习俗曾一度衰落。改革开放后，随着各地群众对民俗活动的重视，梅源芒种开犁节活动也开始复苏。按照古制，当地在举办开犁节活动之时，也渐渐地恢复了设纽迎神、祭神田、犒耕牛等祭祀仪式和活动内容。2006年后，梅源芒种开犁节开始作为云和县重要的文化品牌得到官方的重视和支持，发展势头也越来越好。

梅源芒种开犁节以二十四节气芒种时期祭神田、犒耕牛等开犁仪式为核心，依托设置"主事村"的运作机制，包含了设纽迎神、巡游祈福、芒种开犁、演酬神戏、吃仙娘饭等一系列内容。其时间节点符合当地的稻作生产传统，活动内容集祭祀仪式、民间音乐、民间戏曲、饮食文化于一体，具有娱神和娱人的双重属性。该活动将我国传统的二十四节气文化与地方民俗相融合，得

开犁节（杨殿良摄）

到了当地民众的普遍认同和集体传承。

梅源芒种开犁节习俗的传承发展有力地见证了云和梅源一带山民垦山殖田的生产方式，使开犁节成为展现当地畲汉两族原生态生活的重要载体，有助于我们从多维度认识中国传统农耕文化的独特性。开犁节丰富的活动内容寄托着乡民对自然的敬畏、感恩和对富足安康生活的追求。

近年，当地乡民还依托开犁节活动带动了梯田旅游产业的发展，打响了地域旅游品牌，促进了民族团结与进步，增强了区域文化交流，推进了和谐社会建设。梅源开犁节为展现云和农耕文明，助力乡村文化振兴，提高乡民文化自觉和自信，产生了积极而深远的影响。

[壹]梅源地区的地理人文环境

云和，唐时是丽水县西部的一个边远郊区，"云和，丽水之西鄙"。始建县于明景泰三年（1452）。1996年版同治《云和县志》载：明景泰三年（1452）析丽水县浮云乡及元和乡之半置云和县，隶属处州府。另据《明史·地理志》及同治《云和县志·郭立传》记载：云和建县于明景泰二年（1451），后（清）人说"云和建县于明景泰三年"是因首任知县到任时间为公元1452年，系误

魅力云和（陈景甫摄）

传。明朝时全县设四坊，下辖二乡、九都、四十七图。有 6680 户，14281 人。

梅源地区在明清时期属浮云乡三都。该地区自然环境优美如画。清康熙年间云和知县林汪远有《梅源》诗云："桃源传异境，今复见梅源。树末悬田穗，岩边种野荪。收成宜稻秫，活计足鸡豚。曝背堪图画，持将献至尊。"民国 17 年（1928），该地区属崇漈区厚仁乡联合村。民国 23 年（1934），厚仁、协溪、永成 3 乡

合并为栈云乡。民国 28 年（1939），栈云、金村 2 乡合并为复兴乡。中华人民共和国成立后，该地分置复兴、栗溪、太平 3 乡。1956 年，3 乡合并称太平乡。1958 年，改称梅源管理区。1961 年，改为梅源人民公社。1984 年，改为梅源乡。1989 年，梅源乡更名崇头镇。

云和自古被喻为"洞宫福地"。县域总面积 989.6 平方公里，现辖 4 街道 3 镇 3 乡，共 71 个行政村、15 个社区，户籍人口约 11.38 万，常住人口约 12.92 万。

梅源芒种开犁节活动主要分布在以崇头镇梅竹村和下垟村为中心的地区，包括吴山、张化、严坑、埠头后、梅源、朱源、旱畔、李家、吴坪、大丘田、赵善、下垟、墙围底、柳山头、坑根、坑头、梅九、墩头垟 18 个村。

崇头镇全景（徐天飞摄）

雾中梅竹（刘海波摄）

　　梅源芒种开犁节活动中心有三级柏油路相通，交通便利。近年来，随着梅源芒种开犁节影响的扩大，活动亦辐射至丽水（今莲都）、景宁、龙泉、松阳、遂昌等相邻地区。

（一）梅源芒种开犁节的地理环境

　　云和是"九山半水半分田"的山区县，境内以高丘及低、中山为主，地势自西南向东北倾斜。山脉有南部的洞宫山脉和北部的仙霞岭山脉及余支，海拔千米以上山峰有184座，多分布在西南部，最高峰为白鹤尖，海拔1593.1米。山地、丘陵间陷落成山间盆地，龙泉溪及其支流沿岸有宽窄不等的河谷盆地，其中以云和盆地面积最大，约26平方公里，是云和县主要产粮区。

烟雨瓯江（符香环摄）

　　云和县全境河流属瓯江上游水系的两条干支流：一为瓯江干流龙泉溪，一为瓯江支流小溪的支流梧桐坑。全县水量资源、水能资源、水域资源丰富。

　　开犁节的活动核心梅源山区位于云和县崇头镇境内。崇头原称漴头，系指云和的母亲河瓯江支流浮云溪之源头。该地区四面高山环绕，西南部白鹤尖山峰余脉向内部延伸，形成了大小不一的低丘缓坡和小盆地。这些低丘缓坡与小盆地经祖辈们世世代代的开发，形成了层层梯田。这一部分梯田面积有大有小，线条有长有短，自高而低、自远而近、自上而下，由千百条田埂围成，一直延伸到远方，和周边的山地、丘陵、谷地及附近的村舍连成一片，形成巨大的梯田群。梅源梯田以崇头镇下垟村为中心，海

梅源梯田群（吕周亮摄）

拔高度在 200—1200 米之间，总面积近 50 平方公里。

　　此外，梅源山区属亚热带季风气候区，气候湿润，四季分明，因地形较为复杂，海拔高度悬殊，气候垂直差异明显。境内溪流密布，水系众多，水源充足，水质甘洌；山谷梯田竹海连绵、云雾缭绕；空气清新，负氧离子含量极高；拥有梯田、云海、山村、竹海、溪流、瀑布、雾凇等自然景观，独特的自然环境和美丽壮观的梯田、农耕画卷令人流连忘返。古银矿洞群、冶炼遗址、矿工摩崖题记等至今保存完好，堪称中国古代采矿业的博物馆。

春之梯田（刘丽莉摄）

夏之梯田（刘丽莉摄）

秋之梯田（刘丽莉摄）

冬之梯田（刘丽莉摄）

（二）梅源芒种开犁节的人文环境

1. 崇尚节俭，和睦互助的地方风俗

"云和"一词早在二千年前的《周礼·春官·大司乐》中就已出现，"云和"原系一座山名，因生产弦类乐器而闻名。"云和之琴瑟"，是古代对琴瑟等弦类乐器的总称，《元曲》中也有："挂云和八尺琴"之句。也可借用为对云和当地人民优秀品质的赞美。同治《云和县志》卷十五《风俗》中记载："山多田少，土瘠民贫，俗躬俭啬，尚朴素。李邺侯兴学后，儒业文风渐盛。"由此可见，云和一带的早期居民就非常重视农业生产。由于山多地少，土壤贫瘠，云和当地的群众一直非常崇尚节俭。另外，为保障农业收成，获取土地产出的最大效益，当地人注重精耕细作，犁地、播种、育苗、灌溉、收割等粮食生产的全过程都极为精细。因地处山区，梯田纵横，灌溉水源对农业生产的重要性十分突出，故而自然产生对大禹等历史人物及神灵的崇拜。

另外，云和人民自古以来还秉承和弘扬"和睦、博爱"的传统人文精神。在明清时期，云和城关有以"守望友助，扶持亲睦之风……乡邻风俗和洽，纽结不解而为是"作为宗旨的"九姓十二纽"这一民间组织，用以开展乡邻间的互帮互助活动。同治《云和县志》卷十五《风俗》中又载："耕农慵窳，妇少蚕织。山泽之利。弃而不收。富民罔知盖藏。一遇歉岁，举县嗷嗷。"因粮食欠缺，民不聊生。云和各村建立了社仓，村民在丰收时自觉捐粮，在灾年或青黄不接时，社仓则出粮赈济。故而形成非常和睦的乡风民俗。

2. 天地人合，乡民对土地和耕牛的尊重

所谓的"天地人合"，是我国哲学中关于天地人关系的一种观点。这种观点认为，天之道在于"始万物"，地之道在于"生万物"，人之道在于"成万物"。天地之道是生成原则，人之道是实现原则，三者合为一体。

在云和的传统文化中，特别是梅源一带的农耕文明，深深渗透着"天地人合"的传统思想理念。梅源梯田附近的山民，至今还保留着沿用几千年的农耕生活方式。柴草沤田，毛竹布水；截竹开筒，栈山架壑，凭虚渡险，无所不通。"天地人合"在云和不仅是一种朴素的哲学理念，更是这一带百姓早已潜移默化的生活方式。由于土地资源缺乏，乡民对土地给予人类的贡献非常尊重；同时，梯田广布的自然环境，耕牛也成为人类生

耕牛（谢小燕摄）

存发展的重要合作伙伴。对耕牛的尊重和崇拜也成为当地民俗的重要内容。人们通过迎神、祭神田、犒耕牛等开犁节活动，祈求神灵保佑当地民众家畜兴旺，五谷丰登。某种程度上讲，梅源芒种开犁节亦是"天地人合"思想理念的真实写照。

3. 畲汉聚居，形成文化的多元性

云和是畲族的主要聚居地之一，素有畲族"小凤凰山"（潮州凤凰山是畲族发源地）之称。不少畲族同胞先从福建迁徙到云和，繁衍后又分迁到处州各县和省内其他州县，至今已有七百多年的历史。大量梯田存在的梅源山区又是云和畲族的主要聚居地。现存于浙江省博物馆，被列为省级重点文物的《长毛歌》手抄本，其原编唱作者——畲族民间歌手蓝三满就是梅源东坑（现云和县崇头镇东坑村）人。《长毛歌》是一部叙事长歌，它记载了太平天国将领石达开带领起义军进驻云和，与云和清兵几次交战的全过程。云和另一部畲族叙事长歌《写缘歌》，其编唱者为蓝火新。《写缘歌》是蓝火新对自己生活经历的记录。清光绪年间，云和有一个奸诈汉族山场主，用窜改契约的方法欺骗剥削租山的畲民。蓝火新历时三年在各畲寨化缘，同时还发动云和及邻县畲族同胞到云和县衙门申诉，直至最后取得胜利。为此，当时的云和县官府还在县城隍庙刻石立碑，上书"不得欺侮畲民"六字以作警示。

《长毛歌》《写缘歌》这两部畲族叙事长歌，无论在畲民群体

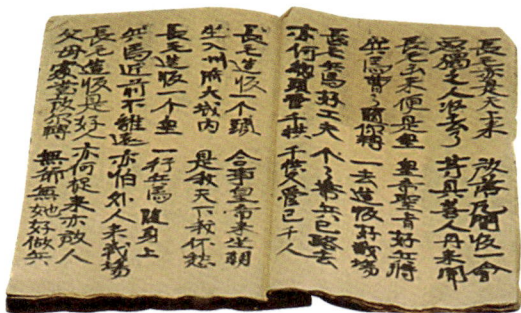

《长毛歌》手抄本（徐灯明摄）

不得欺辱畲民（黄育盛摄）

中，还是在云和历史文化上都占有重要的地位，具有重大的研究价值。值得一提的是，官府立的"不得欺侮畲民"的警示石碑，不但在我国畲族历史上绝无仅有，甚至在整个中华民族关系史上也是极其罕见的。由此可见，当时云和畲汉两族关系的交往之深。

此外，在清朝亦有不少移民迁入云和，进一步促成了云和文化多元并存的局面。在清康熙年间，三藩作乱。云和是"三藩之乱"的重灾区，其间多次规模较大的战役均在云和境内发生。"三藩之乱"使浙南、浙西南山区人口骤减，农业生产也遭到严重破坏。"三藩之乱"平定后，浙江政府动员闽西一带的百姓移民到浙江。从康熙年间一直到乾隆年间，一批又一批闽西汀州府客家人迁徙到云和境内瓯江两岸定居，带来了别具一格的闽汀州文化，即客家文化。另外，在此之前的西晋，为躲避北方战乱，大量的

中原移民南迁至云和。客家文化、中原文化、畲族文化与本土的瓯越文化共同发展，促成了云和文化的多元性。

4. 释道合一，多种宗教文化交叉并存

云和地处山区，旧时交通闭塞，少与外界往来，民风简朴，重于农耕。出于自然条件的制约，当地乡民逐渐形成对天地和神灵的敬畏。不少乡民都信奉宗教，庙宇广泛存在于各村落之中。其中云和梅源一带的宗教活动和宗教文化还有一大特色，即"释道合一"。旧时梅源一带，几乎村村有庙宇，庙庙有佛、神、仙。这些神灵个个有传说、有来历、有故事，形成了一种地域性的庙宇文化。其中有佛教的，也有道教的，彼此之间和平共处。由此，最终形成了"释道合一"的局面，僧道共唱一台戏。加上前文所述的几乎村村都有的平水王庙、夫人庙，以及龙母仙娘、白鹤仙师和八大仙人传说，释道诸教合成一体。

[贰] 梅源芒种开犁节的由来和发展

（一）梅源芒种开犁节的由来

首先，梅源芒种开犁节的产生与当地悠久的山田垦殖历史密切相关。历史上，云和属处州（即今丽水）。处州始名于隋开皇九年（589），迄今已有1400多年的历史。据明代《名胜志》载："隋开皇九年，处士星见于分野，因置处州。"处州地处山区，草密木茂，人烟稀少。《宋史》中就有"处（州）多山田"之载。因土地稀少，当地居民只能开垦梯田来满足粮食需求。另外，云和梯田的开垦还有其特殊的历史背景。明洪武年间起，朝廷在处州开采银矿，云和是当时重要的银矿

黄家畲天顺二年银官局碑（杨克新摄）

产区。明景泰前后，云和梅源一带的银矿开采和冶炼延续了一百多年的时间，规模逐渐扩大，朝廷还特意在此设了"银官局"。

为满足开矿的需要，当地人口迅速增长，开山造田渐成规模。梅源梯田的形成首先是当地百姓为了生存而开辟的，随后不断扩大，形成一定规模。同时由于银矿的开采和铁砂的挖掘，造成部分山体破坏。继而山体被改造为梯田，客观上扩大了梯田的范围与面积。这也是云和梯田广泛的重要原因。同治《云和县志》卷十六载："以前土广人稀，田多荒芜……自坑冶盛，人亦日众。由是垦辟众而田土辟矣。"这也从史料的角度说明了云和梯田面积广阔的原因。此后，大量畲民迁入到云和。光绪年间，云和县令朱云会在《云和杂咏用刘在园太守韵》一文中写道："只有茅棚藏牝犊……佃田多是盘瓠种，雨过夫妻尽把犁。"同治《云和县志》卷十五亦载："畲民不知其种类，或云出粤东海岛间，自国朝康熙初迁处郡，依

山结庐，务耕作。"这说明畲民亦是当地重要的垦田群体。

　　其次，在梅源山区的梯田作业中，耕牛是山地农耕之本，一直以来为当地百姓所重视，因而成了开犁节的主角。从历史上看，各地对牛的管理与崇拜自古有之。古代社会以农业生产为主要经济来源。《盐铁论·散不足》中记载："古者庶人春夏耕耘，秋冬收藏，昏晨力作，夜以继日。"因此，古人非常重视依托当地独特的自然地理条件和节气时序来指导当地的生产生活。在此基础上，也孕育出了具有地方性和民族性的民俗文化。而由于牛在农业生产中的重要作用，几千年来，民间也一直沿袭着重视耕牛的习俗。我国历代王朝也都有保护耕牛的法令。汉代时期就开始有了在立春时"打春牛"的习俗。在立春日的迎春典礼上，有司衙门展出

耕牛犁田（吕周亮摄）

土牛，为万民所瞩目。到了南朝，又开始有主管官吏拿着彩杖鞭打耕牛三下（有些地方的"牛"是纸糊彩绘）的仪式，表示奖劝农耕的意思，称为"吏春"。而云和梅源芒种开犁节可以说是古代"打春牛""吏春"习俗的延伸、传承和发展，在传统农耕文化中意义非凡。

　　此外，梅源芒种开犁节也源于云和县当地独特的地理环境。云和山区的气候条件、农作方式对山民的生产生活、民俗信仰有极大影响。据一些地方志书记载，我国不少地方有开犁、祭田等习俗，但是大部分地区此习俗多安排在春耕时节。比如，和云和相邻的遂昌县就有"班春劝农"的习俗。"班"同"颁"，"班春"即颁布春令，"劝农"即劝农事，策励春耕。此俗往往在立春前一日，官祀芒神，行鞭春礼仪，劝农耕种；家设酒肴，祭土神，迎春接福。明代戏曲家、文学家汤显祖（1550—1616），于万历二十一年（1593）出任遂昌知县时，就经常在立春时节下乡劝课农桑，发展生产。此事至今仍是一方美谈。而云和梅源一带地处高山地区，气温偏低，农事生产时间短于同纬度地区，长期以来只能种单季稻，因此开犁仪式延后，选择在每年的芒种时节举行。

　　芒种是二十四节气之一，在每年公历 6 月 6 日前后。芒种本意指稻、麦之类有芒刺的谷物。《周礼·地官·稻人》中记载："泽草所生，种之芒种。"郑玄注："泽草之所生，其地可种芒种。芒

种，稻麦也。"晋郭璞在《江赋》一文中记载："播匪艺之芒种，挺自然之嘉蔬。"《逸周书·时训》则曰："芒种之日，螳螂生。"《说郛》卷九引宋马永卿《懒真子录》一文："所谓芒种五月节者，谓麦至是而始可收，稻过是而不可种。"《云和县志》卷十五载："五月芒种在端午前则秧缺。谚云：芒种端午前，处处有荒田。是日有雨主旱，谚云：芒种落雨火烧溪。"由上述资料中可知，芒种时节是农事耕种的重要分界点，是南方种植水稻的良好时机。云和梅源地区选择此时开犁，标示着新一轮农忙的开始，也祈求在新的一年里能够风调雨顺、五谷丰登。

最后，梅源芒种开犁节的产生还受历史上一直流传的当地神

春日祭祀（王伟森摄）

话传说的影响。云和的梯田耕作基本靠天时和人力。当人力之不及之时，人们则往往祈求于神灵。1996年版《云和县志》载："旧时，较大村坊都有社殿。殿内只设香炉、供桌，村民在'春社'日必到社殿摆供，祈祷庄稼丰收。"

由此可见，当地的农业生产活动总是与神灵信仰和崇拜紧密联系。云和地处瓯、闽、吴越文化的交接地，尤以瓯、闽文化的影响最为深刻。开犁节的迎神是云和民间最重要的传统风俗之一。迎接的神灵当中，林夫人、陈夫人是闽文化的延伸；而接神中的出台阁、鳌山等则具有瓯文化的特色。

同治《云和县志》卷十五载："云和人专靠菩萨种田，怪问其故，答以田不管水，靠着求雨。"又载："平岭广谷，邑多可耕之土。惟田多勃壤，不注水。耕农又罔知潴蓄。夏旱逾旬日，乡民辄祷诸神。群往丽邑下庄，异护国夫人像入城，投牒官长，行礼而去……或诣娄狗山、仙瀑岩、夏洞天诸处，取龙入城，虔祷如初。再不应，则改祷于阜安门大士阁焉。"

其大致意思是说，云和的梯田农业，因地势较高，很难引河水灌溉。故此，求神灵降雨就成了当地流行的民俗。也正因为如此，云和当地神仙信仰之风浓厚，几乎村村有平水王庙、夫人庙等，供奉的神像除了浙南一带常见的陈十四夫人、马天仙夫人之外，还有云和当地迎神习俗主要供奉的三位神灵——龙母仙娘、白鹤仙师和八大仙人。这些神灵在当地都自有一番传说。

夏洞天，在县西北三十五里麻垟，一名仙人洞，沿坑窄径二里许，山谷幽涧。古道苍苍，悬崖

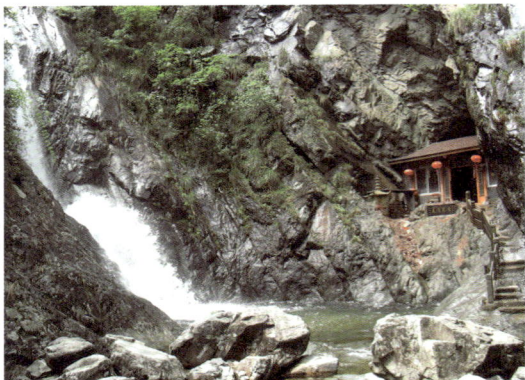

赤石麻垟夏洞天（项朝权摄）

峭壁，双峙如门。中石峡龙湫深百尺，喷薄下注。岩下有柳姑潭。相传为龙母所居，祈雨辄应。

据同治《云和县志》和《柳氏宗谱》记载，元至大年间，丽水西阳里浮云乡柳姓大户之女柳如兰，因误吞龙蛋产下龙子，被其龙子安置在风景秀丽的夏洞天。后人崇拜龙母柳如兰，建庙一座曰"龙母仙娘庙"，尊柳夫人为仙女，一年四季香火不断。附近州县如龙泉、松阳、遂昌、景宁等地的善男信女纷纷前来朝拜。每遇旱年，各地乡民更是成群结队到此求雨，相传开始几年总是有求必应，十分灵验。但之后却失灵了。乡民束手无策，十分焦急。最后，按传统方法——"问神"，来祷告龙母。龙母仙娘告知乡民，小龙已回东海龙宫，无法施雨，若要赐雨必须在每年正月十三日至十五日元宵节期间迎龙灯请回小龙。

据说此举不仅可以
求雨化解旱灾，还能保
佑当地年年风调雨顺，
五谷丰登，六畜兴旺。
于是，云和就出现了每
年元宵节期间迎龙灯的
习俗，一直延续至今。
龙母仙娘也成为云和当

龙母仙娘神像（项朝权摄）

地信仰最广泛的神灵之一。

　　而白鹤仙师和八大仙人作为当地民众主祭的神灵，也自有一
番来历。据传白鹤仙师原名丁令威，辽东人氏，隐居在灵虚山学
道，后羽化成仙。

　　娄狗山，在云和县西北三十里。形似卧犬，为县镇山。上微
作剑脊势，宛如鹿角，故又称"鹿角尖"。石笋林立，大者如屋。
上有石室，广容一人，深百步。相传古有"白鹤翁"在此修炼，
故民间称之为"白鹤仙师"。在鹿角尖山顶上有一座石头垒成的小
庙——说是小庙，其实就是个神龛。这是当地梅九村村民供奉白
鹤仙师的神位，也是周边七里八乡村民求雨的地方。每逢当地久
旱不雨，村民们就上山祈雨。传说常常是在回程的半路上，天空
就下起了雨，十分灵验。到了芒种时节，当地村民就包粽子到此

鹿角尖（杨克新摄）

祭祀。因当地村民经济条件困难，起初时经常用素饭粽子作为祭品。过了几年，村民生活条件有所改善，就增加了鸡、猪肉、水果等祭品。周边其他村落看到白鹤仙师能保佑平安丰收，于是也纷纷迎请白鹤仙师到自己的村中进行祭拜。

除了白鹤仙师，还有一位八大仙人也是云和当地村民供奉的

白鹤仙师（吕周亮摄）

地方神。关于八大仙人，云和当地众说纷纭，不一而足。比较普遍的说法是八大仙人就住在鹿角尖对面的白鹤尖，相传也是一位能够保佑地方风调雨顺、五谷丰登的神仙。

白鹤尖（陈景甫摄）

　　白鹤尖，在县西三十五里，俗呼梅九尖，西山之最高者。上有井泉。据说同治年间，云和县梅九村后建有一小庙，里面供奉着八大仙人神位，但是具体来历，则无处查考。因该小庙离农户人家太近，八大仙人每天会听到喧闹的人声，觉得此处环境不够安静，就飞到了梅九村后的梅九尖顶定居，故后人又为其取名为"梅九尖顶仙师"。梅九尖顶峰后有一岩洞，人不可入，伸手可触，其中满藏各种形式香炉，不知其数。旧俗，久旱来迎八大仙人者，因无

八大仙人（吕周亮摄）

殿宇，也无塑像，唯在此洞摸香炉，伸手摸到就算，不能再摸第二只，焚香接回供奉。

出于梅源地区自然环境对农业发展的限制，也出于对风调雨顺、五谷丰登等美好愿望的祈求，梅九和吴山两村的村民首先提议，迎接上述三殿神仙集中到梅竹村的禹王庙奉祀。之后周边的村也相继参与，慢慢地从固定地点的祭祀，延伸到周边十八个村的巡游活动，这也是梅源芒种开犁节最重要的内容之一——迎神习俗的由来。

（二）梅源芒种开犁节的发展

开犁节习俗具体始于何时，在现存的文献资料中没有明确记载。但作为开犁活动重要内容的迎神、祭田、犒耕牛等习俗，则在《柳氏宗谱》、同治《云和县志》等文献中皆有记录。清项栈头村（今崇头镇坑头村）《柳氏宗谱》载："秘传闾山正法立入社庙千秋奉祀。"同治《云和县志》卷十五载："邑有迎神之举，由来旧矣。今西门夫人庙神舆木刻有弘治五年（1492）款。或即始于前明，未可知也。……邑城分十二纽……至期迎神。"由此可知，云和在明朝弘治初年已有迎神风俗。清道光年间云和县城人，嘉庆二十五年（1820）贡生柳翔凤在其长达四十四句的《迎神会歌》中更惟妙惟肖地对迎神习俗进行了描写："元英乐酒拇战冲，古意本为酬神功。五灵十界祥云笼，扶迎报赛如禋宗。十二纽中百岁

山村舞龙（吕周亮摄）

翁，皆大欢喜尤天钟。山城百里荷慈鸿，民气和乐弥虚冲。吾宗忝系柳河东，十度迎神阅岁终……"文后还自注："道光戊子邑人添设台阁，尤极华丽。"可见经过三百多年的传承延续，到道光年间，云和迎神风俗已发展得相当隆重和盛大了。云和的迎神习俗在柳文介绍中，并没有浓厚的迷信和宗教色彩。相反，云和迎神风俗深深地渗透着天、地、人三者合一的中国古代朴素的哲学思想，并集中体现了对传统文化尤其是优秀民间文化的传承和弘扬。

云和迎神习俗还有自己的特色，"其制以戊癸之年十月初吉，舁马氏、陈氏、林氏三夫人并二四相公像巡阅邑城，分十二纽九姓人承值。"这段话的意思是：云和迎神习俗规定，在戊年和癸年

（农历干支六十甲子中的戊年、癸年，相隔五年）的农历十月初，选一个吉日开始筹办。也就是每五年举办一次冬祈活动，由全城中九大家族分别组成十二个纽接力承办。举办的时间定在农历十月初。其时秋收已完，作物入仓，农忙结束。乡民收获之后手中有钱了，并且也有了较多的空暇和自由。另外，此时一年快到头了，人们也应好好向神灵报告丰收的喜悦，感激神灵的赐福和保佑。迎神时节，全城百姓抬神像巡游，九姓十二组"各就市店陈设行宫供张演剧……备牲醴祷于神"。云和的迎神活动是一种综合性大型民间文艺活动。其中包括舞龙、舞狮；做鳌山（宋元时习俗，元宵节用灯彩堆叠成的山，像传说中的巨鳌形状）、摆台阁；展示灯彩、古玩……它几乎集中了云和当时的一切文化娱乐形式，

舞狮（陈忠人摄）

并把信仰和娱乐结为一体。迎神活动是既"娱神"又"娱人"。

上述这些大多是在城里的活动。此外，在云和的部分乡村，也有类似的迎神活动。如省级非遗项目"包山花鼓戏"盛行的包山村，迎神习俗被称为"五年两头迎"。即每隔四年举办一次，每次连演九晚戏，分别由全村人数占多的张姓人负责连演四夜，赵姓人演三夜，徐姓人演二夜。当然，和城里相比，农村的活动还是比较单一，例如鳌山、台阁等内容就没有。但在一个偏僻的山村，这也可以称得上是隆重非凡、热闹非常了。

迎神习俗的举办，也和当地社会经济的发展密切相关。明清时期，银矿的开采，梯田的垦殖，使得云和一带社会经济得到较好的发展，文化生活也渐趋丰富。一定的经济实力和一定的文化

迎神（王伟森摄）

基础，促使这一活动逐渐发展。迎神经过的任何一个"纽"，都要先"鸣金于市"广而告之，而一切活动费用全由各纽分担。"此皆各纽姓祖宗创之，子孙因之，有其举之，莫敢废也。"可见，云和的"九姓十二纽"迎神活动一代传一代，是缘于祖宗创办，世代相传，所以谁也不敢停办。这也是迎神活动世世代代传承发展的重要原因。

除了迎神习俗之外，在每年春耕开始之际，云和县的官员都要到城郊的"先农坛"，由县官带头下田耕地，以示官府对农业生产的重视。1996年版《云和县志》中《生产习俗》一节中就有"县官犁田"之俗的记载，谓"旧时，每年春耕开始，县官到城郊先农坛亲自下田掌犁，表示注重农业"。

古时，在农业生产中由于生产工具简陋以及自然灾害频繁等因素，人们认为不可预测的自然现象是由神灵控制的，祈求神灵保佑家畜兴旺，五谷丰登，这也是农业生产和迎神习俗密切相关的重要因素。

开犁节主事村之一的下垟村赵善自然村，就是开犁这一民俗活动的重要源头。据传，南宋时一赵姓人因家族贫困、连年饥荒，无力交纳皇粮，从外地搬迁至此。后就在此开山结庐，繁衍生息。因由赵氏族人开垦，故当地梯田取名赵善村神田。约400年前，原龙泉县安仁镇东坑下村（现划为云和县黄源乡陈高垟村）季九

崇头镇下垟村（云和县文旅局提供）

方来赵善村安居，并开垦出其余荒芜稻田，季家从此人丁兴旺，五谷丰登。明崇祯年间，又一支福建畲民迁居于此，和当地的汉族民众一起从事农业生产。由于梅源梯田一带特殊的地理条件，机械化耕作在这一带不能实现，这也为传统农耕民俗活动的传承提供了条件。从此，畲汉两族人民开山垦田，开犁节民俗活动也成为两个民族共同的节日。中华人民共和国成立后，该习俗曾一度衰微，改革开放后得以复苏，并日渐隆重。

[叁] 梅源芒种开犁节的主要特征

"二十四节气"是中国人通过观察太阳周期运动而形成的时间知识体系及其实践，也是人们认知外界在一年变化中产生的一些天文、物候及时令信息的总和。梅源芒种开犁节是二十四节气及

相关民俗的重要组成部分，也是云和当地民众通过对大自然气候变化规律的掌握所形成的社会实践和知识体系，它形成于厚重的农业文明土壤，其独特的传统耕作方式体现了人类适应自然的创造性生存艺术，它不仅体现了人类的创造力和生命力，同时在发展过程中也产生了形态各异的民风习俗，是浙西南山区构建人与自然和谐关系的典型实例，对我国农业社会的发展起到了积极的推动作用。

云和梯田耕作方式是浙西南山区人们在长期的实践过程中创造和总结出来的一种集约高效的土地利用方式。梅源芒种开犁节习俗的传承见证了梅源一带乡民垦山殖田的生产方式，其丰富的活动内容是当地乡民们的情感纽带与精神依托，代表着人类土地崇拜、五谷崇拜、动物崇拜等原始的宗教信仰，也反映着人类敬畏大自然，渴望人与万物和睦共处的农耕文明内涵。当地乡民也通过活动增强了区域文化共识，融洽了族群，推动了和谐社会的建设。在追求生产、生活、生态"三生"共赢的今天，梅源山区的乡民们依托每年举办的开犁节活动，带动了当地梯田产业发展，打响了地域旅游品牌，为助力乡村振兴和共同富裕产生了积极而深远的影响。

云和梅源山区很好地体现了浙南山区的梯田地貌特征，是云和梯田的核心区块。这一地区农田形态、结构多姿多彩，具有秀丽的风貌和独特的审美。不仅如此，当地民俗活动的产生、延续和传承过程，积累了深厚的人文基础，这也是开犁节民俗活动得以盛行的基本条件。独特的地理位置和地貌特征，丰富的历史渊源和人文内涵，让梅源芒种开犁节有着鲜明的地域特色。

（一）仪式的原始性

很多非物质文化遗产在其发展过程中，随着居民生活方式和生活环境的变化，其内容和形式也发生了较大的变化。梅源芒种开犁节则是延续了历史传承下来的大部分仪式和内容，包括"设纽""迎神""路祭""喊愿""做醮""犒牛""犁地"等诸多仪式，上述仪式过程也是整个开犁节活动的核心。这些仪式虽历经数百年，仍然保留了原始性、粗犷性等特点，成为梅源芒种开犁节的

迎神巡游（王伟燊摄）

重要特征。

此外，还有不少和上述仪式相关的制度、约定、禁忌等等，坚持至现在，也一直都没有改变，其原始性的特征，具有巨大的研究价值。总的来说，由于梅源地区相对封闭，受社会变化的影响小，其自然环境、生态环境、人文环境等一直保持较为原始的风貌，能够很好地展示人类活动和自然环境之间和谐共存的关系。这也是真实和完整传承开犁节习俗的重要意义。

（二）内容的广泛性

梅源芒种开犁节根植于当地民间文化土壤中，是当地民间文化的积淀。开犁节活动中，多种宗教和艺术形式融合发展，畲族民歌、沙铺山歌、花鼓戏、木偶戏、炼火、板龙、狮子灯等当地的艺术精华借助开犁节的舞台大放异彩。这也是民间娱乐活动和农业生产高度融合的产物。开犁节活动的内容丰富多彩，格调积极向上，仪式庄重和谐，表达了广大群众祈福消灾、向善向美、团结互助的美好愿望。

（三）组织的严密性

开犁节活动组织历来非常严密，长期以来一直严格遵循古例，采用分村设组组织活动的方式，设立主事村。根据活动总体要求，既需要分工又十分讲究相互之间的合作。按照主事村制度轮流策划、组织、协调各个村点的活动内容。开犁节活动的一切大小事宜，均由各村热爱开犁节活动的部分村民（活动中的长老）负责。这些策划者和组织者信念坚定、办事执着、公正无私，为了活动的开展一直坚持自我奉献的精神，他们的高尚品格也感染了大部分参与的群众。同时他们分工明确、配合默契、各司其职又互相合作，是开犁节成功举办的重要基础。

长期以来，开犁节活动以群众自治为主，无需官方组织，当地广大村民和外地群众自觉参与。在活动过程中，参与的群众自筹资金、自备祭品道具，自我管理、自我约束。活动既为酬神，也为悦己。大家自我娱乐，体现了强烈的自发性和主体意识。

（四）时间的持续性

梅源芒种开犁节的另一个重要特征就是持续时间长。我国地域辽阔，民族众多，民俗活动丰富多彩。在浙江省内，独具特色的民俗活动也是遍地开花，不胜枚举。但不少地方的民俗活动，往往集中在某个时间段，长则一周，短则几天；部分民俗活动的时间甚至只有短短的半天。与此相比，开犁节的迎神活动举办周期则与众不同，时间的持续性可谓独树一帜。该活动以设纽的十八个村为主，自当年的芒种前后至立冬前后为一轮，大约有半年时间，各村持续性地参与，从来没有缺席。也就是说这半年时间内，梅源地区都有连续不断的迎神活动。因此，开犁节活动具有持续性的重要特征。

二、梅源芒种开犁节的内容与形式

一个绵延数百年的民俗活动，其内容和形式也肯定在不断地创造创新。梅源芒种开犁节以其丰富多彩的内容和独具魅力的形式，通过散落在群山环抱中的禹王庙、夫人宫等文化空间展开，既承载了每个时代的渴望和诉求，也见证了藏在民众内心深处的那份遥远的记忆，并在未来的传承发展中历久弥新。

二、梅源芒种开犁节的内容与形式

[壹] 梅源芒种开犁节的文化空间

梅源芒种开犁节中祭神田、开犁、犒耕牛等主要活动的地点在崇头镇下垟村梯田，这也是云和梅源梯田的核心地区。其他的开犁节活动如迎神、演酬神戏等也有众多的文化场所，其中较为重要的有禹王庙、水口殿、夫人宫、平水王殿等。

（一）下垟村梯田

位于云和县崇头镇下垟行政村，该村是革命老区村，现辖下垟、赵善、墙围底3个自然村。据说，明正德六年（1511），下垟村先人从旱畔村迁此开基。因村前有片小田垟，该村建在此田垟下首，故名下垟。赵善村则因该地最早有赵姓人氏在此处开基建村，故名赵善。明末，当地赵姓衰亡，有季姓人氏从景宁迁此居住。目前，该村村民以季姓为主。虽已无赵姓人家，却仍沿用原名。墙围底村则建于清咸丰年间，有陈姓人氏从景宁毛垟库头迁此建村。因该村庄四周均建有围墙，故名墙围底。下垟村位于县域西南，距县城约21千米，总面积2.94平方千米。村内建有云和梯田景区观景台、表演中心和民俗活动中心等表演和展示场所。

梯田全景（陈忠人摄）

有耕地 507 亩，林地 2726 亩。农业以种水稻、食用菌、高山蔬菜
为主。400 多亩的梯田全部在陡峭的山坡上。这里群山环绕，环境
优美，山、水、梯田、村庄和谐地融为一体。下垟村梯田层层叠
叠，高低错落，其线条如行云流水，规模壮观，气势恢宏，具有
面积大、线条好、形状美、立体感强的特点，形成妩媚潇洒的曲
线景观。同治《云和县志》卷九载清王树英《夏日冒雨至赵善庄
留宿》诗："蒙蒙四山雨，地连天与俱。山腰一径通，危磴曲盘纡。
竹舆度林莽，雾气沾衣裾。涧落水泉溢，阪田成膏腴。村农荷锄
至，蓑重湿流珠。烟岚互蒙密，远树还疑无。犬向云间吠，屋在
山之隅。主人候荆扉，言笑何欢娱。盘飧具鸡黍，深夜醉清酤。
下榻小窗前，青灯客梦孤。晓起山日红，风轻迎归途。"

　　几百年来，该村村民一直守着梯田种粮食，使梯田保持着较
好的原生风貌。

梅竹村禹王庙(胡锋华摄)

（二）梅竹村禹王庙

位于云和县崇头镇梅竹行政村坑头自然村东面。庙门前是坑头通往坑根的道路。在禹王庙原梁上有文字记载：建于清代道光二十六年（1846）秋月。禹王庙坐南朝北，为单体建筑，占地面积68平方米。该建筑为单层三开间，悬山顶、琉璃瓦屋面。通面阔6.9米，通进深4.7米。殿四周夯土墙，中间辟大门。梅竹禹王庙供奉平水大王（大禹）、马氏夫人（马天仙）、陈氏夫人（陈十四娘娘）等神位，村民常在此上香祷告，祈求村庄风调雨顺，万事如意。现在殿内保存有梁枋、牛腿、雀替等木构件雕刻人物、鸟兽、花卉等图案。禹王庙殿内还有皇帝万凤牌及木板对联三副。首联上书"三过其门应受辛壬癸甲，八年于外平成河汉江淮"，落款：清道光丙午秋月。次联上书"奕奕梁山用著项刊工绩，茫茫洪水允资流决其功"，落款：光绪三年。三联上书"昏垫拯灾黎读贡赋一书旷代犹怀明德，堂皇瞻庙貌为馨香百世合境共被灵庥"落款：光绪皇帝时敬献。还有一块小小的万岁牌上阳刻"皇帝万岁万岁万万岁"。禹王庙是开犁节最重要的文化活动场所之一。每次开犁节迎神、送神等最重要的仪式，以及当地村民在开犁节期间举办的太平醮等祈福保平安等活动，均在禹王庙举行。

（3）赵善村夫人宫

位于云和县崇头镇下垟行政村赵善自然村。据记载，夫人宫建于清代晚期，坐东朝西，占地面积 271 平方米。前后分二进，中间设一天井，整体建筑均为硬山顶、小青瓦屋面。一进为三开间单层，明间建一戏台。戏台四周设有围廊。二进正厅为五开间，双层，均为七柱十一檩，穿斗抬梁混合式梁架。一进戏台上施藻井，戏台前檐施牛腿，雕刻花卉等图案，藻井上描绘龙、花草、诗词等内容。开犁节期间，夫人宫厢房作为主要的祭祀场所；戏台则主要演出木偶戏、花鼓戏等表演项目。

（4）坑根村水口殿

位于云和县崇头镇坑根村水口。原建于康熙八年（1669），已

赵善村夫人宫（杨克新摄）

毁坏。新殿重建于 1983 年。该殿背靠山，坐北朝南，占地面积 85 平方米。正殿面阔三间 6.3 米，进深五檩 2.6 米，殿前设一小天井，天井两边设厢房，均为单开间，门设在西厢房上。四周夯土墙，均为一层硬山顶、小青瓦屋面。殿内现存老石碑。乐助碑志上阳刻"原老殿建于康熙八年"等字样。殿内主要供奉禹王神位，是开犁节民间祭祀的重要场所。

（五）赵善村平水王殿

位于云和县崇头镇下垟行政村赵善自然村后山，建于清道光十六年（1836）。该殿坐西朝东，占地面积 50 平方米，硬山顶小

石殿一座，通高 1.23 米，
通宽 0.9 米，通深 0.6 米，
殿内现存道光十六年石
香炉一只，石烛台两只。
殿前有一石筑供台，长
1.23 米，宽 1.04 米，殿
前四周用石块筑成围廊，
地面用水泥铺成。平水
王殿也是供奉平水大王
大禹神位的地方，亦是
开犁节民间祭祀的重要
场所。

坑根村水口殿（胡锋华摄）

赵善村平水王殿（吕周亮摄）

（六）梅源村夫人庙

位于云和县崇头镇
梅源村。该夫人庙主要
供奉马天仙、陈十四娘
娘、汤夫人、文昌帝君、
财神爷等神像，面积 100
多平方米。也是开犁
节期间民间祭祀的主要

梅源村夫人殿（胡峰华摄）

下垟村大禹王殿（胡峰华摄）

场所。

（七）下垟村大禹王殿

位于云和县崇头镇下垟村。大禹王殿只供奉平水大王（以大禹为原型）神像。建筑面积约80平方米。该殿历史久远，影响广泛。周边环境清幽，古树参天。当地民众经常前来祭拜，祈求平水大王保佑当地风调雨顺、国泰民安。另外，大禹王殿附近另有一座保佑家禽家畜平安的、面积约20平方米的小庙。

[贰]梅源芒种开犁节的活动仪程

梅源芒种开犁节以芒种期间设纽迎神、祭神田、犒耕牛、举行开犁仪式等内容为中心，融合了当地对龙母仙娘、白鹤仙师、八大仙人等的神话传说和地方信仰，表达了当地群众祈求风调雨顺、五谷丰登、六畜兴旺的朴素愿望。在长期的传承和实践过程中，梅源芒种开犁节形成了一整套完整、固定的活动程序，主要包括下列内容：

（一）设纽迎神

每年开犁节前一个月，由参与活动的 18 个村推选出本次活动的主事。一般来说，每个村有 3 至 4 位代表会被选为主事。主事的责任就是负责确定当年迎神活动的相关内容，安排具体事宜。

请神仪式（刘海波摄）

抬神像（吕周亮摄）

主要事项有以下内容：选定黄道吉日；确定活动主事村，由这部分主事村组成"纽"；确定迎神活动和开犁仪式的具体行程；确定活动的相关道具和开犁的耕牛由谁提供；决定是去夏洞天、鹿角尖和九尖顶迎接龙母仙娘等神像，还是直接去禹王庙迎神像等等。上述事宜讨论完毕，迎神活动就将正式开始。

据同治《云和县志》卷十五记载，上文中提到的"纽"是以"守望友助，扶持亲睦之风……乡邻风俗和洽，纽结不解而为是"作为宗旨的市井民间组织。"纽"的主要任务就是负责确定当地迎神祭祀的时间长短。因村子的大小不同，迎神祭祀的时间也不一样。按照自古沿袭下来的规矩，梅源当地有 18 个村参与，一共设

12个"纽"。一个"纽"迎神祭祀的时间少则十余天，多则二三十天。现在设"纽"的村分别为吴山村、张化村、严坑村、梅源村、朱源村、下吴坪村、赵善村、柳山头村、坑根村、梅九村、墩头垟村。除确定迎神祭祀的时长之外，各"纽"还需要负责迎神队伍的组织、活动和管理，以及安排活动期间吃仙娘饭等各类事务。

　　梅源一带的迎神活动举办周期较长，自当年芒种前后至立冬前后为一轮，大约有半年时间。也就是说这半年时间都有连续性的迎神活动。而芒种开犁节期间的迎神活动最为隆重、热闹。芒种前期，先请当地有一定知名度的道士选好黄道吉日，确定迎神日期。在选定良辰吉日后，十八村的主事分三路，每路均由一位

设纽迎神（符香环摄）

道士带头。迎神队伍除了抬神龛的八位壮汉外，还包括打着各村旗号的彩旗队、吹打队及一部分自愿参与的陪同人员。

三路队伍分别到夏洞天、鹿角尖和九尖顶去请龙母仙娘、白鹤仙师和八大仙人的神像，至此，每年的开犁节活动即告正式开始。不过，也有一些年份，迎神队伍直接去禹王庙迎神像，不再重述。

按照迎神习俗的惯例，村民抬着空宝辇先后到夏洞天、九尖顶和鹿角尖三处迎接龙母仙娘、白鹤仙师和八大仙人三殿神仙。迎神队伍到上述三个地方后，先由道士打开庙门，摆上供品，点上香烛。然后道士开始投神、发符、请圣、监纳、喊愿等仪式。仪式结束后，将三尊神像迎接到梅竹村的禹王庙，在庙中做"起马法事"。参与迎神活动的十八村村民，纷纷带着家中准备好的猪肉、年糕、豆腐、瓜果等贡品，到禹王庙中参加祭拜。祭拜结束后，迎神队伍从梅竹村禹王庙前出发，抬着四顶宝辇（其中三顶宝辇分别坐着龙母仙娘、白鹤仙师和八大仙人的神像，还有一顶是放置龙母仙娘的香炉），由彩旗队（彩旗队主要由十八村选派的童男童女组成，他们手持"二十四节气"和"十八村"的旗帜）、吹打队及一部分陪同人员一起，到各"纽"所在的十八村巡游。整个迎神队伍庄重严整，井然有序。

巡游祈福（王伟淼摄）

（二）巡游祈福

从当年芒种前后至立冬前后，迎神队伍一直都要在十八村之间巡游祈福，而巡游路线也有着严格的规定。梅源芒种开犁节迎神巡游的主要路线如下：

梅竹村★—吴山村★—张化村★—严坑村★—埠头后村—梅源村★—朱源村（朱源★、旱畔、李家三个自然村）—上（下）吴坪★—大丘田村—赵善村（赵善★、下垟、墙围底三个自然村）—柳山头村★—坑根村—梅竹村（坑头★、梅九★、墩头垟★三个自然村）

备注：上图中标有★为"纽"所在地的自然村。

喊愿仪式（练温定摄）

　　巡游队伍每经过一村，当地村民都要举办接神仪式。设纽的村，要迎接三尊神像在当地的庙宇逗留，每天由村中三四户人家轮流供奉。接神的主要仪式如下：一是部分村民拿出事先准备好的鸡、肉、酒等祭品，放在神像前供奉，希望能让三位神灵在村里留下福泽，保佑一方水土。二是要进行"喊愿"仪式。该仪式由主持者（往往是当地的道士）爬上一户人家屋顶，呼叫上天，表达村民的愿望，祈求上天能够降下福恩。三是在当地村里做祈愿法事。法事的主要内容依次为起马、巡祭、下马、保人丁等。巡游活动在设纽村供奉的时间长短，往往由设纽村子的大小及居

坑根村拦路祭点（胡峰华摄）

下垟村拦路祭点（胡峰华摄）

巡游祈福（王燕萍摄）

民的多少来决定。三尊神像供奉结束，离开该村的时间，也需要由有名望的道士选择良辰吉日。即使是那几个没有设纽的村，也同样要举办上述类似的仪式。只是没有设纽的村子，三尊神像供奉的时间要短一些。整个仪式的时长为一至二小时，当地人也俗称"拦路祭"。

这样的巡游祈福活动一直在当地的 18 个村子之间进行，要到立冬前后，巡游祈福活动才宣告结束。

巡游祈福结束后，迎神队伍最后要回到梅竹村的禹王庙。然后在禹王庙再次设台供奉，以此来表达对神灵的感谢和崇敬之情。这个时间段，来自十八村的村民会三五成群地到禹王庙祭拜，感谢三位神灵这一年来对周边各个村子的保佑庇护，同时也纷纷表达自己的祈愿，求得神灵的支持。

冬至之后，梅竹村禹王庙还要举行归庙宇、做安慰醮、谢恩醮等诸多仪式。等上述仪式结束之后，巡游祈福活动才最终宣告结束。

（三）芒种开犁

芒种前一天，活动组织者先在梅竹村举行祭祀、炼火等活动。芒种当天是一年中最热闹、最隆重的日子。开犁节传统的一整套祭祀仪式完整地留存至今，祭祀场面

准备祭祀用品（谢小燕摄）

隆重，内容丰富多彩，集中展示了当地的传统农耕方式、民间艺术和民风习俗。当天开犁活动的主要内容包括鸣喇叭、吼开山号子、祭神田、犒耕牛、开犁、分红肉、唱山歌、送神等。

芒种当天寅时，参加活动的家家户户就都早早起来。这一年当值主事的人家要准备好相应的祭祀食品，包括猪肉、全鸡、豆腐、半熟的米饭、黑木耳、香菇、海带等，还有两杯红酒及一杯绿茶。

有耕牛的人家还要牵上耕牛，并为耕牛披红挂绿。当天上午巳时左右，十八村村民背着彩旗，赶着耕牛（耕牛有8到20头，主要由下垟村的主事或村民提供），然后集中到下垟村梯田。负责

开犁祭祀仪式的道士在梯田中主持活动相关事项。道士先摆设香案，在香案上摆猪头、鸡、水果、斋菜、茶酒等物品，请来传说中的五谷星君。等一切就绪，芒种开犁活动正式开始。

1. 吹喇苇

开犁节在山民原始古朴的锣鼓声和"呜呜"的喇苇（当地一种植物，中间空心）吹奏声中拉开序幕。10 位吹喇苇的人站成一

吹喇苇（杨殿良摄）

鸣礼炮（余雷摄）

吼开山号子（龚启富摄）

排，仰起长长的喇苇朝天鸣吹。

2.吼开山号子

伴随着嘹亮的喇苇声，10 名壮汉站在山头喊着"开山锣，开山鼓，开山号，满山铺；喊声山神让让路，开片山田讨媳妇……"的号子声，豪壮的气势在梯田间迅速蔓延开去。

开山号子是云和先民们之前开山造田时的劳动号子。这充满激情，雄浑的吼唱声唱出了每个人的心声，也回荡在山头田间，唱出了梯田先民征服自然、创造人类文明的力量。开山号子结束之后，10 名身着民族服装的汉子再次吹起喇苇。伴随着一阵阵喇苇声，又有 10 名汉子手抬竹筒炮向天空鸣放礼炮。礼炮声停止后，

田间所有的耕牛在"开犁谣"中开始耕田。10 名男子手持牛头道
具，跳"牛灯舞"。舞蹈结束后，13 名篓背青草的村姑出场，准备
后面的祭神田和犒耕牛仪式。

3. 祭神田

吼开山号子结束，便开始"祭神田"仪式。这是每年开犁节
时最重要的仪式。所谓的神田，就是村中同姓家族间轮流耕种的
一垄公田。按照祖制，祭祀当年这一垄公田轮到谁家种，这一年
的祭祀费用就由谁家来出。不过，随着近几年对开犁节祭祀活动

祭神田仪式（刘丽莉摄）

祭神田（王燕萍摄）

的重视，费用已经不再由公田的户主承担。祭神田仪式也是由当
地知名的道士主持。祭祀仪式开始时，先在神田中放上公案，摆
上猪头、鸡、点心、水果、酒、茶水等祭品。道士先敬酒，后敬
茶。之后，道士手持龙角和手铃唱诵"神田祭词"。"神田祭词"
诵毕，祭神田仪式结束，道士和神童一起退场。

4. 犒耕牛

祭神田仪式结束后，由十八村主事推选出来的长老（大多为
赵善村村主任）开始主持犒耕牛仪式。耕牛由主事负责提供，数
量约 8 到 20 头不等。提供耕牛的各家主人将耕牛牵至活动所在的
梯田田头。由身着盛装的姑娘将一早熬制的蛋花粥和农家自酿的

犒耕牛（龚启富摄）

红酒倒入木盂中，然后让选出的主事代表喂给耕牛食用。犒耕牛仪式的意义在于犒劳耕牛为人类勤勤恳恳的劳作，同时还以此来表达主人对耕牛的感激之情。

5. 开犁仪式

犒耕牛活动结束之后，身着盛装的姑娘手拿木盂退场。这时候，由十八村长老推选的一名代表宣布开犁仪式正式开始。先由村民代表牵一头耕牛到村里的公田

开犁（刘丽莉摄）

中，该村民手拿一根竹鞭，轻轻鞭打耕牛，耕牛随即开始犁田。村民用犁耙在田地中间剖开泥土，在公田里耕一圈地，以示当年开犁活动开始。此后，其他耕牛也同时在附近的梯田中开始犁地，以此预示当地的农忙季节即将到来。

6. 分红肉

开犁之后，参加活动的人群再次聚在龙母仙娘、白鹤仙师、八大仙人三位神仙的神龛前分红肉。所谓红肉，其实就是贴着红纸的猪肉。猪肉在前面祭神田之时就已经摆上案桌。开犁仪式结束后，由主事人将大片的猪肉分成条状，在红纸条上写上耕牛户主的姓名，绑在分好的猪肉上。按照主事人招呼，一个个户主上

分红肉（龚启富摄）

族人领红肉（杨殿良摄）

前领取写着自己名字的红肉。"神田分红"寓意在未来的一年当中，宗族和睦兴盛，五谷丰登。

7. 唱山歌

分红肉仪式结束后，远近村民纷纷聚集在一起，祭祀场上欢声雷动，原生态山歌此起彼伏，在一垄垄梯田间传唱。赛歌是开犁节当中的一个重要内容。聚集在一起的村民们唱的是当地的畲族山歌和沙铺山歌。畲族山歌是畲民在长期生产生活实践和心理活动过程中形成的口头创作的民间艺术，是畲族人民思想、智慧、精神和情感的结晶，也是畲族最突出的传统文化表现形式之一。与之相似的，当地以沙铺山歌为代表的汉族山歌也非常流行。

畲汉两族的山歌在开犁节时一起传唱，也体现了两个民族的和睦共处、友好往来。

对歌会先由畲族山歌传承人领唱畲族山歌（时长 3 至 5 分钟），接着再唱起汉族沙铺山歌（时长 8 至 10 分钟），山歌有对唱、合

畲族民歌对唱（刘海波摄）

沙铺山歌对唱（项朝权摄）

唱、小组唱等多种形式。淳朴的歌声蕴含着村民期盼这一年粮食丰收的美好愿望，也是对过去一年风调雨顺的感恩，还表现出先民们改造自然的力量以及对幸福生活和甜蜜爱情的憧憬。

送神归山（刘丽莉摄）

开犁暮归（龚启富摄）

8. 送神归山

山歌唱完后，由当天请来的道士主持送神仪式，主要的内容是送走五谷星君。道士口中念着"神归殿，马归槽，今后凡民乐"等祝词，祈求五谷星君能够保佑当地在未来的一年有好的收成，五谷丰登、国泰民安。随着送神仪式的结束，热闹的迎神队伍也就从开犁节的主要活动场所离开。

（四）演酬神戏

开犁仪式结束后，赵善自然村夫人宫的戏台上开始上演木偶戏、花鼓戏等酬神戏曲。旧时要演三天三夜，以此来酬神娱人。

演酬神戏（刘海波摄）

吃仙娘饭（王燕萍摄）

另外，梅竹村有花鼓戏、炼火等表演；坑根村有沙铺山歌、客家茶歌、花鼓戏等表演。

（五）吃仙娘饭

开犁节活动当天晚上，所有参与开犁节活动的族人一起聚在下垟村吃仙娘饭。大家围坐在一起吃饭，一边共叙乡谊友情，一边感谢龙母仙娘的护佑。期待龙母仙娘等神灵能够保佑来年幸福安康、吉祥如意。

吃完仙娘饭后，整个开犁节活动过程到这里算是告一段落。在活动过程中，参与的广大群众始终表现出既严肃虔诚又活跃喜庆的神情，营造了吉庆祥和的氛围。当地群众借助各种动作、神态、表情等来体现丰富的内心情感，表达长期以来形成的天象崇拜、五谷崇拜、动物崇拜等心理特征，也较好地诠释了崇尚自然、追求人与万物和谐相处的农耕文化精神。

[叁]梅源芒种开犁节的表演内容

梅源芒种开犁节习俗，除了迎神、祭祀、犒耕牛、开犁等主要内容之外，还有众多当地的民间艺术项目参与其中，这些民间艺术借开犁节来娱神酬神、娱人乐己，它们特色鲜明，类型多样。

主要有民间传说、民间音乐、民间戏曲、民间体育等等。这一部分内容也是云和当地民间艺术水平和民间艺术个性的集中体现。

（一）民间吹打乐

民间吹打乐在云和流传已久，距今已有二百年以上的历史。主要是在婚嫁、喜庆等场合演奏。之前所说的迎神仪式、开犁节活动都利用吹打乐来烘托气氛。

云和民间吹打表演形式可坐可站，也可以边走边演奏。乐器有双唢呐、笛子、板胡、京胡、二胡、响板、大小堂鼓、大锣、小锣、钹子等。主要曲目为《闹街调》。《闹街调》不同于一般的民间小调，它可以由几个曲目联奏而成如《过街溜》《闹场沙》《双凤对》等，开始用双唢呐以散板的形式吹奏，配以锣鼓穿插演奏。开头气势磅礴，然后接入正板时再加入其他丝弦乐器。当一曲演奏完后又可转接另一曲，时间可长可短，每曲都可以终止。因此，它具有场面大，演奏灵活、自由等特点。其他乐曲可以穿插在《闹街调》里，也可以单独演奏。几

云和民间吹打（龚启富摄）

百年来，云和民间吹打乐使人百听不厌，流传至今，生生不息。

（二）道教音乐

道教音乐在云和流传的历史也非常悠久，据云和本地83岁的老艺人刘法运说：道教音乐从唐代开始一直流传到现在，有记载的已历经廖发兴、廖发元家几代，江正远、江丰全、江荣法、江法达、江法常、江法亮家几代，刘法忠、刘法银、刘法运、刘法传、刘法灵家几代，共二十七代人的传承。道教音乐主要为死者超度时演奏的乐曲。

道教音乐演奏时，表演者手拿真铃，身穿法衣，边唱边舞。主要伴奏乐器有：唢呐、笛子、板胡、二胡、响板、大小堂鼓、

天籁道教音乐演奏会（刘海波摄）

大锣、小锣、钹子、真铃等。主要曲目有《忏悔调》《洒净调》《上香调》等。它的流传主要以道教艺人和丝弦伴奏艺人为主。表演的时候，道教艺人边唱边舞，加以吹吹打打，甚是热闹。

（三）云和迎神习俗

　　梅源芒种开犁节活动中，迎神、祭神是一项重要的内容，其历史渊源较长。古时，云和县城和山区各村落都有迎神活动存在。迎神习俗在云和多地都有，除开犁节迎神活动外，县城及张家地村、包山村等地至今仍有开展。其中县城的迎神活动每五年举办一次，规定于农历戊年和癸年的十月初选一个吉日举办；而包山村为"五年两头迎"；张家地村是"四年两头迎"，各不相同。迎神活动有严密的组织，或以九姓十二组为组织，或以姓氏家族为组织，均属群众自发举办。活动都选择村中或族中德高望重的老人担任主事人，另外有分管钱物开支的，有分管各类仪仗道具的，有分管活动人事安排的。活动经费除大户人家出资、民间筹得一部分外，

迎神活动中吹打（龚启富摄）

迎神习俗（王燕萍摄）

其余由村中"神田"或"族田"的承租户负责。神田是村中抽取部分公田，让村中最困难的人家租种。每年丰收后交部分田租给"社仓"以备活动开支。同时这户人家还要制作喜饼分发给参加活动的人。

云和城乡迎神习俗内容形式也各有特色，事项繁多，涵盖了民间信仰、民间工艺美术、民间音乐、民间舞蹈等文化形态。如县城迎神活动有灯彩古玩展示、舞龙舞狮、做鳌山、摆台阁、表演社戏及抬神像巡游祈福等内容；张家地村迎神习俗有民间吹打、祈福仪式、仙娘巡福游行、社戏表演等内容；而沙溪村的迎神活动则还有独特的讨火种习俗，是中国传统火崇拜的历史遗存。

讨火种（王燕萍摄）

云和迎神活动融祭神、娱人于一体，含有历史、民俗、艺术、信仰等多重文化内涵。人们通过迎神活动，表达对神灵慈爱精神的尊崇，也表达对祖先几千年筚路蓝缕的追念，并借此祈求风调雨顺、六畜兴旺、国泰民安。云和迎神习俗表现了千百年来人们自觉形成的生活秩序和生活方式，其中"神田""社仓"等民间互助机构的设置，则体现了和睦博爱、扶持友助、贫困相济的传统美德，有着独特的地域文化特征和重大的研究价值。

（四）炼火

炼火又称"下火海"，流行于浙南山区云和、磐安、龙泉一带。在农耕社会，人们将火视为神灵，炼火这一传统民俗活动就起源

炼火（生火）（张少锋摄）

于先民对火的崇拜和祭祀。

炼火一般在新庙宇落成，或庙宇重新雕塑神像以及家庭安置香火驱病消灾等活动中进行，也是某些佛事和祭祀活动的一个重要组成部分。据民间传说，在唐肃宗年间，福建古田法师陈上元的儿子陈法通为收蛇妖，反被蛇妖吞食。陈上元的女儿陈靖姑为报兄仇下决心千里上闾山求师学法。三年学成下山，收妖灭怪，拯救万民，并将陈法通的白骨复活。后陈靖姑又进入皇宫斩除蛇妖，救了皇帝，被敕封护国夫人。此后，陈靖姑就将法力演变成"炼火"，意在祛妖灭怪，辟邪去灾。

同治《云和县志》卷一记载："弘治十五年……得米如十斛，

炼火表演（楼海东摄）

半归庙中醮事之用。"这也是云和等地醮事活动中的重要内容。

炼火的祭场多选择在各类庙宇中。表演之前，在庙宇的每个横梁上都粘贴上以红、白、黄等各色手工剪制的祭旗，营造庄重、肃穆的氛围。

表演时，火温高达数百摄氏度，而炼火传承人在烧红的炭火上进行赤脚踩火、嘴叼砖块、火中翻腾、布裙撮火等一系列表演，却不会被烧伤。

炼火是醮事活动中的重要节目。当地有醮事活动，首先要挑好日子，挑时辰。一般在酉时开始。之后由为首的主持人点燃红烛、信香，朝神顶礼叩拜。在三声鸣炮过后，后台锣鼓开始演奏，

法师在演奏声中登坛开场。吹过三声龙角后，法师宣读疏状表文，祈求护佑平安。状文祷告后，法师用九处高山上最干净的源头水（称"九龙水"）倒入盆敕净水。法师手中掐诀，口中念词，反复数次，直到滴水成冻，放在草纸上不会浸透，呈水珠滚动状，才算有效。

炼火仪式包括请师父、做皇皮、红炭、炼火兵、炼火、送神等内容。（1）请师父：请水侯大王、吴三相公、陈十四夫人、雪山大圣、水府兴帝。（2）做皇皮：划定烧炭火的火坛。这一范围叫"皇皮"，然后请诸神把"皇皮"内的范围化为"汪洋大海"。（3）红炭：在"皇皮"内放入松炭，并把炭火烧红，同时放入五块砖头一起烧炼（也有用七、九、十一块砖的）。备好七至九箩筐的干净木炭（通常用火焖炭），另外还要条砖五至七块。在"皇皮"内将木炭燃红，使其温度达到400摄氏度以上，也就是直到砖块红透为止。（4）炼火兵：每个"火兵"（这里指当地民众）都脱去鞋袜。法师在其脚掌敕"水"字，表示其可以经受火的烧炼。然后"火兵"赤脚上阵。（5）炼火：法师带着火兵踏上火砖，连走三至九转后，法师做一些高难度的惊险动作，如口咬红砖走圆场，一块一块地向四方送过去；用师裙包火，送往四方。最后，法师让凡是要灭灾、避邪的在场群众均赤脚"下火海"，也就是从火堆上走过去。（6）送神：吹响龙角，表示送神，活动宣告结束。

炼火的伴奏乐器有大鼓、大锣、战鼓、钹、长号、大唢呐。不同的炼火表演仪式，伴以不同的民间乐器表演。如法师出场时，要以鼓声来渲染紧张气氛。

"炼火"以中华民族的传统信仰为核心，除了被寄寓祈福避邪等功能外，还锻炼了人们的意志和胆量，激励人们去面对困难，战胜困难。它展示了中华民族不惧艰难，赴汤蹈火与大自然搏斗的顽强精神。

（五）南山花鼓戏

花鼓戏在云和一带山区兴起，大约为明末清初时期。由于花鼓戏形式热闹活泼、易学易演、挨村串户、主动方便，非常适宜在山区流动演唱，所以很快在云和乡村扎根。

云和一带常见的花鼓戏主要有包山花鼓戏和南山花鼓戏。包山花鼓戏主要流行于包山村一带，它是在安徽凤阳花鼓戏的基础上，融合当地的莲花、莲厢、花船等小调及民间吹打等传统音乐发展而成；南山花鼓戏与包山花鼓戏的表演形式基本相同，俗称跳花鼓、花鼓灯，主要流行的地点在南山村，它也是开犁节期间表演的重要戏剧形式。

南山花鼓戏主要在民居的中堂（当地俗称"上间"）演出。分丑、旦、生三个行当，视剧目不同有一丑（花鼓公），二旦（花鼓婆、花鼓囡），一生（大相公）四个角色不等。主要的道具为草灯

南山花鼓（陈江涛摄）

担子、云帚和纸扇。南山花鼓戏表演和调度有一定的程式，最大的特点是很多念白都是采用半说半唱的数板形式，并有许多的俚语，风趣活泼。

南山花鼓戏的伴奏乐器有鼓板、板胡、二胡、锣、钹等；声腔吸收了当地流行的小调和戏曲，表演借鉴戏曲的台步、身段和韵白。南山花鼓戏表演朴实明快，诙谐幽默；演出调度灵活，人物性格鲜明，具有浓郁的生活趣味。每次演出必以"四脚撑"开场，而后演其他剧目，最后也以"四脚撑"谢茶结束。

（六）沙铺山歌

沙铺山歌在云和县沙铺村一带山区盛行，最初是从云和畲、汉民间"做功德"的习俗中衍变派生而来。"做功德"习俗是亲人为亡者超度而举行的传统祭祀仪式，在仪式中由功德先生诵唱沙铺山歌，众人和唱一些缅怀和思念的山歌，并通过法师念古经、鸣龙角、击灵刀等形式载歌载舞地完成，带有祭祀色彩。随着时代的变迁，这种曲调简单、易于表现人们情感的演唱形式逐渐从单一的习俗中脱胎出来，成为内容更宽泛和独立的一种民间音乐演唱形式。

沙铺村于雍正九年（1732）建村，以项氏为大姓。据《项氏族谱》记载，项氏在沙铺村已延续三十九代。据项氏"做功德"传承人项朝塈回忆，并经查《项氏族谱》证实。从项氏三十二世祖公国恩公（生于嘉庆七年，即1802年，法名法灵）始，项氏家族就一直传承做法师，诵唱山歌。到朝字辈时已有四代，历史悠久。

沙铺人喜爱山歌，他们唱着山歌去打柴，哼着小调去放牛，吼着号子去收割，吹着唢呐闹喜事。山歌成了沙铺百姓不可缺少的自娱自乐的民间艺术形式。沙铺山歌经过一代又一代人的口耳

沙铺山歌（龚启富摄）

相传，通过歌本传记及人们现编现唱等形式发展到今天，题材广泛，曲目也日益丰富，涉及生产、生活等各个层面。沙铺山歌按题材分有：风俗歌（婚嫁歌和丧葬歌）、劳动歌、宗教歌、时政歌、情歌等。代表作品有《蚕儿吐丝在肚间》《测妹心肠靠歌声》《郎妹情义重过山》等情歌；控诉旧社会的《帮工歌》《种田歌》《四季茶娘》和反映现代新农村新农民生活的《农村新歌》《家有青山不烧柴》等时政歌；劝诫世人积极向上的《劝君要走正规道》《君子莫想别人妻》等风俗歌，真实反映了广大劳动人民的思想感情。山歌作为山区农民最熟悉最喜爱的一种艺术形式，其古朴优雅、委婉动听的艺术风格，积淀着独特的传统文化，承载着深厚的历史内涵，反映了山民独特的审美理想和艺术情趣。

沙铺山歌句式对称，一般为双句、七字句式，修辞手法有比喻、双关、对比、排比和嵌谜等；表演形式有独唱、齐唱、男女对唱等，使用本地方言演唱，以二胡、锣、鼓等乐器伴奏；歌词通俗易懂，具有鲜明的地域性、历史传承性和劝谕功能性。山歌多在野外劳作时演唱，具有曲调高亢嘹亮、节奏自由悠长的特点。唱腔可分为三类。一、高腔山歌：声音高亢嘹亮，拖腔较长，速度较自由，多属男女在山野唱，用假声喊"火——喂"结束。二、平腔山歌：声音嘹亮悠扬，稍带拖腔，速度正板稍自由，以本嗓真音演唱。三、低腔山歌：音调柔和优美，节奏性较强，音程进行平稳，近似于民间小调。

沙铺山歌记录了这一区域的历史沿革、时代变迁、民风民俗，成为社会教化传承的主要工具。其文学性、哲理性、通俗性以及民歌的格律、方言声韵与声腔的关系等等都有着重要的研究价值。

沙铺山歌再现了几百年来沙铺山区农民丰富多彩的生产方式和生活习俗，延续着几百年来云和县山区民间音乐的血脉，是民族民间音乐历史和多元文化特征的体现。其中沙铺山歌代表作《看梯田》，通过农民歌手的演绎，以其高昂、粗犷、豪放的特色，描绘出"千年历史、千米落差、千层梯田"的中国最美梯田的壮观景象，也体现了云和人民在劳动生活中奔放豪爽的性格。

1. 山歌《唱梯田》

男：山重山来村叠村，云飞雾绕炊烟闹。绿绿青山水又甜，住在这里似神仙。

女：层层梯田面面镜，夏季秧苗绿盈盈。牛耕田来人插秧，秋季田里像黄金。

男：层层梯田雾茫茫，云来雾去看不见。问我这里啥地方？中国云和美梯田。

女：云和梯田好地方，国家政策来帮忙。旅游景点到处是，满山游客情义浓。

男：白发老人手牵手，帅哥美女肩搭肩。乡村姑嫂生意忙，

梯田云海伴日出（郑建文摄）

土特产品销四方。

　　女：夏季梯田雾茫茫，条条大路通远方。对面有个小帅哥，喊你过来帮农忙。

　　男：白天太阳照梯田，夜里月光照梯田。日里想你万里忙，夜里只有看月光。

　　女：夏季梯田搞农忙，老老少少来相帮。白天你帮田种好，夜里陪哥到天亮。

　　合：沟里有水好种作，田里有土好种谷。门前石榴成双对，你我两人结成双。

2. 快板《唱梯田》

合：打竹板滴答响，我们姐妹齐亮相。精神抖擞上台来，说一说我们云和梯田美不美。

问：什么美？

答：哎哎，你问梯田什么美，听我慢慢道上来。请到梯田看一看，知道梯田哪里美。

问：什么美？

答：春天花开遍地美，田间小草绿如海。小虫渣渣把歌唱，听了心里感觉美。夏天插秧更是美，插秧能手显身手。线条横竖美如画，看了感觉真是美。秋天稻穗确实美，随风摇摆如金海。金黄稻谷连一片，闻到稻香心里美。冬天梯田看了美，雪花飘飘白如海。一层一层棉袄盖，你说梯田美不美。夸夸高寒地质美，高山秋林有云海。瀑布雾凇自然美。高山谷地曲线美。天籁云和

雪后梯田（王诚摄）

出云彩，七星墩上看星海。文化体验休闲度，品质生态景区美。云和梯田千年美，山村溪流有竹海。四季景观有特点，大家都说梯田美。坑根石寨景观美，神龙活虎更精彩。日出早霞红一片，日落西山真是美。具体欢观旅游美，山满果树桃梨梅。保健养生于一体，观光游客如人海。九曲云环曲线美，飘飘然然如云海。摄影创作最佳地，请到梯田美一美。你也美来我也美，人人都是自己美。来到梯田望一望，还是梯田美上美。

合：还是云和梯田美。

（七）畲族民歌

畲族民歌流行于畲族聚居地区，是畲民在长期生产生活实践中创作的民间艺术形式，也是开犁节活动不可或缺的重要表演内容。云和全县有畲族乡 2 个，畲族人口9000 多人。相对闭塞的地理环境，使畲族民歌在当地的坪垟岗、南山等畲族村落传承得较好，并得以保留着质朴的原生状态。

畲民以歌代言，以歌叙事，以其特有的乐观、豁达，用民歌这种美丽的艺术形式，把各种生活素材编成歌谣，一代代传唱，渐渐地形成了结构庞大、气势磅礴、包罗万象的畲族民歌库。据统计，散布在

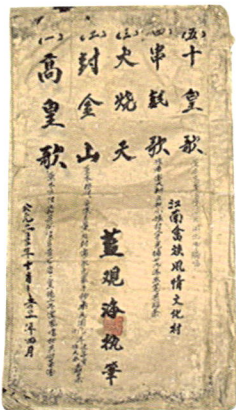

《畲族民歌手抄本》（叶林红摄）

云和各畲寨的畲族民歌手抄本有上百册，各类歌曲近千首。

畲族民歌题材内容广泛，涵盖历史人文、时政世态、生产生活、婚恋情思、祭祀敬神、伦理道德等各个领域，在长期发展传承中按其文学题材可分叙事歌（传说歌、小说歌），风俗歌（婚俗歌、丧俗歌、祀神歌），生产生活歌（生活知识歌、生产劳动歌），情歌，时政歌五大类，其他还包括儿歌和各类杂歌，可谓是畲民获取各类知识，启迪思想，寄托情感的"百科全书"。

畲族民歌是优秀的民族民间艺术瑰宝，也是研究畲族语言、诗歌、文学、音乐等各类艺术的"活化石"。畲族民歌还融入当地汉民族的文化元素，又与地理、历史及生存环境紧密联系，极富

畲民围坐火堂唠歌（张少锋摄）

地域性色彩。盛行于云和境内的原生态叙事民歌代表作《长毛歌》，是云和畲族文学与音乐的佼佼者。它既是一部以民族语言创作的文学作品，又是一部以山歌为基石的民族音乐作品，是畲族文学与音乐完美融合的优秀作品，充分体现了畲族民歌诗、乐二者的和谐之美。

唱山歌是畲族最突出的传统文化表现形式和生活方式，与畲族各类民俗活动紧密相连。畲族对歌往往通宵达旦，场面热闹非凡。

畲族民歌丰富的题材渗透到畲族生产生活的各个方面。畲民借助歌声来抒发胸臆，祈盼阖家安康，还将民歌作为民族知识体系

畲族民歌省级代表性传承人蓝观海在教习山歌（张盼星摄）

纳入儿童教育的一环，使民歌成为族群文化的主要传递方式。另外，畲族民歌体现了独特的民族审美情趣和思维能力，富有鲜明的民族特征和地方特色。歌唱发生在畲民个体生命的整个过程中，并在生命的每一个环节都起到重要的作用。畲民从儿童时期便开始聚众习歌，这个过程也是孩童们学习民族礼俗的过程。随着无意识的日常起居和有意识的向歌师学习，逐渐形成了畲民族内在的思维习惯、心理特征和行为模式，继承了本民族的伦理规约。因此，畲族民歌在传统文化的延续和认同上发挥着不可替代的作用。正因为畲族民歌在云和民间的重要价值，开犁仪式结束后，演唱畲族民歌和当地的汉族沙铺山歌就成了开犁节重要的活动内容。

[肆] 梅源芒种开犁节的迎神礼仪与禁忌

（一）梅源芒种开犁节的迎神礼仪

祭祀礼仪是在祭祀过程中，通过约定俗成的程序仪式，来规范行为，律己敬人。梅源芒种开犁节从迎神活动开始，开犁节主要的礼仪活动有起马醮、下马醮、安位醮。所有参与活动的村子都需要举办上述仪式。大部分参与活动的村都有庙宇，设组村的仪式在村中的庙宇中举行；少数没有庙宇的村，则需要搭建雨坛（一种遮风避雨的棚），在雨坛前做起马醮、下马醮等仪式。

1. 起马醮

起马醮，就是在迎神活动中，邀请当地神灵参加巡游活动的

一种仪式。不管是设纽村中的祭祀典礼，还是一般的拦路祭，都同样要举办起马醮。该仪式的一般程序为：先设供桌香案，供桌上摆放猪肉、鸡、水果、蔬菜、茶、酒等祭品，不同时期祭品有所差

起马醮（练温定提供）

别。之前条件艰苦的时候祭品比较简单，近几年祭品越来越丰富。然后请当地知名的道士开始祭祀，迎接神位。各村主事和村

请神仪式（龚启富摄）

民则聚集在边上，肃立静听。

该祭祀仪式的内容有：

（1）变财变富（也就是祈求神灵把桌子上的供品变成成千上万之多，以此让所有前来的神灵食之不尽，用之不竭）。

（2）请神（请所有的神灵前来享用）。

（3）保符（保佑参与迎神活动的十八村五谷丰登、六畜兴旺，村民身体健康、吉祥如意）。

（4）请示菩萨（请菩萨同意让龙母仙娘、白鹤仙师和八大仙人三路神仙一起参与巡游活动）。

上述仪式完毕之后，村民抬着四座轿子起马出宫，正式到各村巡游。

2. 下马醮

下马醮，就是在请神仪式中，参加巡游的四座轿子到一个村子之后，要请道士举行邀请三位神仙下轿接受祭拜的一种仪式。和起马醮差不多，下马醮仪式的一般程序也是先设供桌香案，供桌上摆放猪肉、鸡、水果、蔬菜、茶、酒等祭品。然后请道士开始祭祀，迎接神位，各村主事和村民在边上肃立静听等等。内容也与起马醮相似，主要仪式有：

（1）投神（请祖师爷）。

（2）发符（写信通知）。

（3）请神（请所有的神灵前来享用）。

（4）保平安（请求护佑太平）。

（5）安位（请神灵回原来所在的殿宇）。

3. 安位醮

安位醮，是指在当地立冬过后，主事村的代表又要请来道士，挑选黄道吉日让龙母仙娘、白鹤仙师、八大仙人三位神灵回到各自的庙宇安歇。这时，参与迎神仪式的主事和村民要在梅竹村的

禹王庙做安位醮，时长约为一天一夜。程序和起马醮、下马醮差不多。仪式主要内容有：

安位醮（练温定提供）

  （1）投神（请祖师爷）。

  （2）发符（写信通知）。

  （3）变楼（打扫卫生摆食物）。

  （4）请三界佛（请三界的神灵前来）。

  （5）杀猪请祭（杀猪请客敬酒）。

  （6）移星转斗（送凶星恶煞）。

  （7）奏章保平安（上书请求神灵保太平）。

  （8）送神（送客，请来的神送回原殿去）。

  （9）安位（神灵请回原来所在的殿宇）。

以上祭祀仪式结束之后，各村主事和村民抬着三尊神灵的神位各自回到住所，一年一度的迎神活动才宣告正式结束。

（二）梅源芒种开犁节的迎神禁忌

所谓的禁忌，是指在一些特定的生活场合或文化活动中，参与者应当自觉遵守或被约定俗成禁止的思想和行为。在我国民间，数千年来往往形成一定的规矩和讲究，特别是在迎神、祭祀等民俗活动中。其具有"神圣"和"不可接触"的意义，在行为上具

有"禁止"或"抵制"的意义。因开犁节活动参与人数众多，难免不自觉地发生不合时宜的行为或动作。为约束群众，起到积极的教化作用。开犁节活动中自然形成一种不成文的规矩，这种规矩，也可以理解为活动的禁忌。禁忌代表了一种固定的力量，是一种风俗文化现象，其中既有集体对个体的"禁止"含义，又有体现个人心理意愿的自我"抑止"含义，人们在行为规范中需要自我调节和约束，以此来符合参与该活动的主观需要。特别是在梅源芒种开犁节的迎神活动中，也有一部分常见的禁忌，主要有以下几点：

1. 在迎神活动和开犁节祭神田等最重要的祭祀仪式期间，所有参与活动的对象，包括主事、村民和其他的参观民众等，必须全程保持庄重肃穆的神色。除参与祭祀人员按照规定的礼仪之外，其余人员应当保持站姿，同时要注意认真倾听，不可交头接耳，议论纷纷。

2. 轮到每户人家祭祀的时候，参与祭祀者要衣着得体，仪式动作要庄重自然。不可以嬉笑玩乐，或东张西望。

3. 作上述祭祀活动的时候，男子随时均可参加。女子则需要避开经期。

4. 参加活动的主事或村民，凡遇到家中有丧事的，则不宜参加。

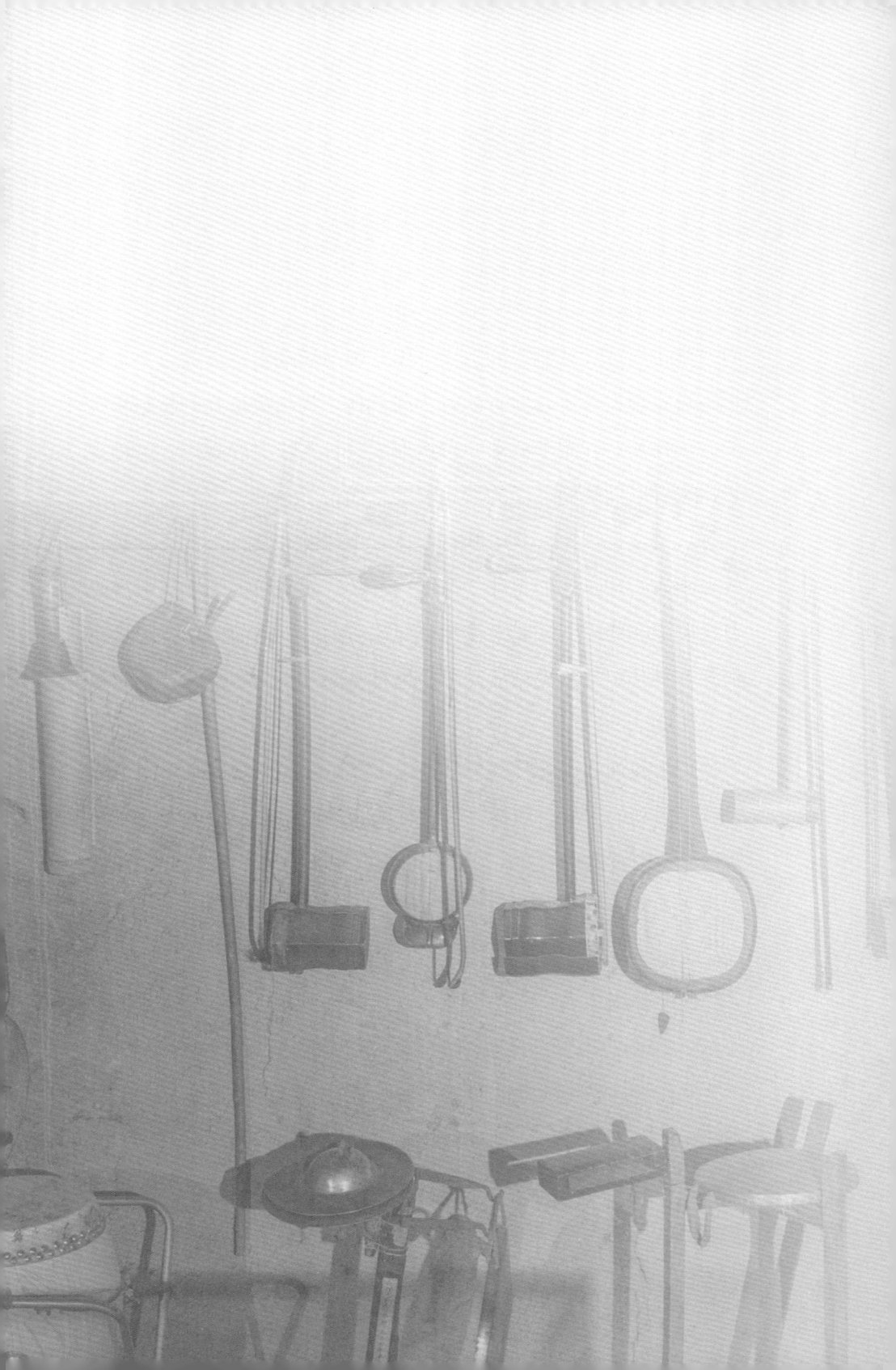

三、梅源芒种开犁节的器具与音乐

祭祀仪式是民俗活动的重要内容。器具和音乐既是一方水土的映照，也体现了一缕文化的厚度和深度。它们的存在，不仅是形式上的需要，更具有丰富的象征意义。随着时代的发展，器具和音乐都在变与不变中体现时代的特性和民众的愿望，也以此来充分展示云和的地方特色和开犁节活动的独特内涵。

三、梅源芒种开犁节的器具与音乐

[壹] 梅源芒种开犁节的器具

梅源芒种开犁节在迎神、开犁等仪式过程中，都要准备祭品和祭祀用具。祭祀仪式的祭品供奉也体现了祭祀者对被祭对象的虔诚和敬意。所以，在祭祀过程中，祭品和祭祀用具的选择也很有讲究。虽然随着时代的发展，开犁节的祭品和祭祀用品也会随之变化，但是大部分祭品和祭祀用具仍保持传统。祭品也体现了云和的地方特色和开犁节活动的独特内涵。

（一）祭祀食品

梅源芒种开犁节主要的祭品有麻叶粿、猪头、全鸡、豆腐、蛋花米粥、红酒等。

捶制麻叶粿（龚启富摄）

麻叶粿：麻叶粿是云和当地特色小吃，也是开犁节活动的特色祭品。麻叶，即苎麻叶，接近圆形，表面粗糙，背面密生白色的柔毛。苎麻是多年生植物，再生能力很强，平原、丘陵、山区都可种植。一年三季，年复一年，当年栽种，当年受益。苎麻叶蛋白质含量较高，而且营养丰富，老少皆宜。多少年来，麻叶粿一直采用传统手法制作。过程如下：先到山上采摘一定数量的麻叶，麻叶洗净后放入热水焯一会儿，和上米粉放在石臼里用木锤一直捶打到成细末。由于捶打需要较大的气力，此项工作多由男性承担。敲打成细末之后，用木刻的模子印制成圆饼，将麻叶粉和上米粉等原材料放进模子里，再放在蒸笼内蒸熟。

麻叶粿（龚启富摄）

猪头：猪头是祭神田等仪式最主要的祭祀用品。一

三牲（刘良群摄）

般都需要选用一个当地农村饲养的土猪猪头，以大的猪头为好。

全鸡：一般选择当地农村饲养的土鸡。个大，羽毛色泽鲜亮为好，全鸡煮至半熟捞出备用。

豆腐：祭祀采用大块的生豆腐，一般选用三、五、七等单数块祭祀。选用上好的本地黄豆，然后用石磨、木桶等手工器具，通过磨豆浆、过滤、烧煮、点卤、压模等程序，制成细腻鲜香的豆腐。

蛋花米粥：先选用上好大米，放在锅中煮成米粥，倒进一个很大的木盂里。然后在米粥中打入若干个鸡蛋，做成蛋花米粥。春耕开始让牛补身子，以此犒赏耕牛，是祭祀活动中犒牛的主要食品。

祭祀豆腐（县非遗中心提供）

红酒（云和县文旅局提供）

红酒：红酒也是祭祀活动中必不可少的供品之一。在每年农历十月期间，选用当地产的糯米，通过蒸料、加曲、发酵、摊凉等工序酿制米酒。因红曲加入的缘故，酿好的米酒呈红色，当地人称之为红酒，也是祭祀活动中犒牛的主要食品。

其他祭品：除了上述主要的祭品，还有茶叶、点心、水果等等。

（二）活动器具

梅源芒种开犁节在迎神、开犁等活动中，也需要有很多的活动器具和祭祀用品。大部分用品每年都大致相同，但是也都有变化。选择的用品不仅是形式上的需要，更具有丰富的象征意义。它们既是当地群众心中崇敬之情的载体，也是仪式象征意义的物

祭祀主要乐器（吕周亮摄）

质依托。参祭者在举办祭礼之前，一定要虔心诚意地准备好相关祭品，在祭祀的过程中将自己和仪式紧密地连接起来，将自己参加仪式的内心感受通过外在的物质形式予以表达和体现。祭祀用品比如竹筒、木盂，是犒劳耕牛的主要用具；而木犁、耒耜、铁耙等，都是当地农业生产最重要的农具。

迎神器具及乐器：彩旗、宝辇、锣、鼓、唢呐、钹等。

犒牛器具：竹筒、木盂（装犒牛的蛋花米粥）。

农耕器具：木犁（是一种耕地翻土的农具。通常系在一组牵引它的牲畜或机动车上，用来破碎土块并耕出槽沟从而为播种做好准备）、耒耜、铁耙（一种平整田土的农具，用来把田土先耙碎再平整）、蓑衣（用棕片串制的，用以遮挡雨雪的衣物）、斗笠（斗笠用篾丝编织，上下两层，中间放一层箬叶，防雨水，用来遮阳

竹筒（云和县图书馆提供）

木盂（云和县图书馆提供）

木犁（云和县图书馆提供）

铁耙（云和县图书馆提供）

蓑衣斗笠（云和县图书馆提供）

挡雨）等。

祭祀用品：香炉、香、烛、纸、鞭炮等。

[贰] 梅源芒种开犁节的音乐

（一）梅源芒种开犁节的音乐

从古至今，音乐被认为是最能与天地神灵沟通的一种语言和工具。因此，从人类历史发展来看，音乐的作用和价值被各个时代所重视。比如早期的"周礼"，就是当时最重要的礼仪规则，音乐在各种祭祀活动中发挥着巨大的功能。在之后的各种祭祀仪式中，使用音乐的目的都是为了让神人和谐。各种乐器合奏的音乐，营造和渲染了氛围，使场面更加庄重肃穆。

祭祀音乐作为礼的体现和精神的需要，在人们的文化观念之中，包含了众多与祖先及神灵同乐的意味。在祭祀音乐中，既有演唱的形式，也有纯器乐演奏的形式。祭祀活动中所用的乐器也是以音代言的教化工具。历史上的祭祀音乐有着极强的实用功能和社会功能。祭祀音乐的范围相当广泛，这是原始宗教观念"万物有灵"的深化与延续。祭祀活动是宗教信仰以及精神寄托的载体。在漫长的岁月里，与人民群众的生活和生产紧密相连。梅源芒种开犁节的迎神、开犁等仪式中，所使用的祭祀音乐有很强的地域特色。它的产生和发展，是在云和民间音乐的基础上，融合云和的祭祀仪式与习俗后产生。因此和当地的民间习俗、宗教礼

仪有着非常深厚的渊源，是一种具有中国特色的宗教音乐，也是
中国民间音乐文化的重要内容。梅源芒种开犁节的祭祀音乐在精
神层面上寄托了人类的情感，体现了人民群众对神灵的敬意，音
乐所展现出来的功能是非常丰富的。活动的祭祀对象主要分为天
神、地祇、人鬼，有严格的等级界限之分，所以在与祭者的心目
中，敬神、求神等都有一定的讲究。开犁节使用的主要祭祀音乐
均属于道教音乐，主要在祭神田及起马醮、下马醮等祭祀仪式时
演奏，主要曲谱有如下几种：

1.《两句半》

曲谱《两句半》（黄育盛提供）

2.《和尚调》二

曲谱《和尚调》二（黄育盛提供）

（二）梅源芒种开犁节的乐器

明清时期，锣、鼓、唢呐等乐器被广泛地应用于祭祀音乐、戏曲音乐、舞蹈音乐当中。其质朴的形态，击打时铿锵的震动感，使人过目不忘，充耳常鸣。在开犁节习俗活动中，迎神、祭祀等仪式所用的乐器可分为打击乐器、丝弦乐器、吹奏乐器等几大类，主要有唢呐、笛子、板胡、京胡、二胡、大锣、小锣、大鼓等等。

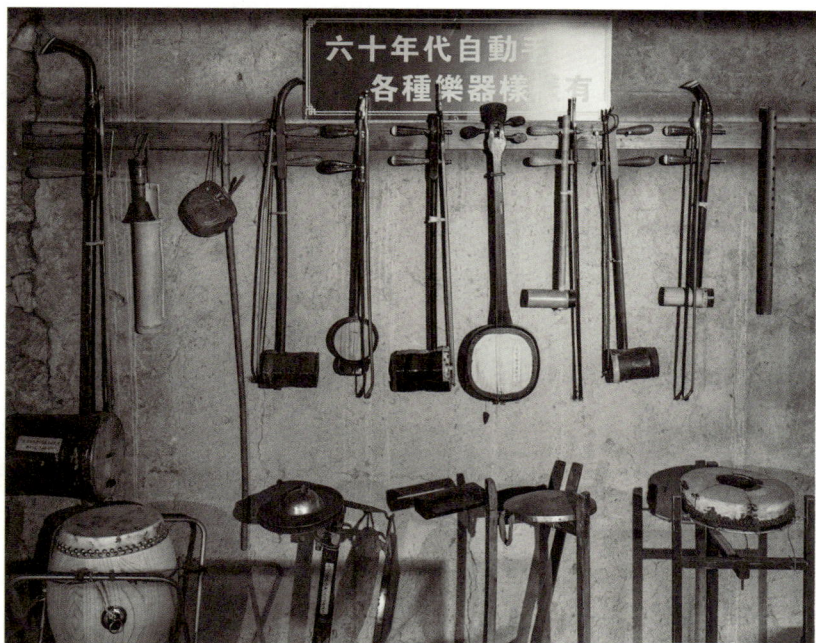

乐器（李力华摄）

从迎神仪式开始的请神活动，到设纽祭祀、拦路祭、起马醮、下马醮、送神等仪式，各种器乐一起演奏，激越昂扬，颇有气势。

四、梅源芒种开犁节的价值与意义

作为活态文化，梅源芒种开犁节有其多方面的价值，这些价值不是单一的、静止的，而是多样的、动态的，彼此互相联系，构成了完整的价值体系。其对农耕文明、畲汉发展的促进作用，对文化遗产、对自然和谐的认同，对文化遗产的保护，以及乡村振兴和共同富裕等必定产生积极而深远的影响。

四、梅源芒种开犁节的价值与意义

[壹] 梅源芒种开犁节的主要价值

（一）民俗学研究价值

梅源芒种开犁节作为浙南山区梯田民俗文化的代表，通过祭祀神灵、感念先祖、感恩耕牛等一系列活动，表达人们祈盼五谷丰登、六畜兴旺、国泰民安的朴素愿望，同时还表达了对天、地、神和生灵万物的感激之情，以及与之和谐相处的美好祈愿！它不仅满足了当地民众祈福禳灾的心理需求，也满足了乡民身心娱乐的生活需求。开犁节民俗活动源远流长，具有丰富的民俗学研究价值，具体表现在如下几个地方：首先，开犁节活动在云和梯田这一特殊的自然环境中存在，具有独特的地域性特征，很好地体现了当地稻作文化的精髓和内涵，寄托了人们的感恩意识和精神情感，既敬神娱人，又陶冶情操，将民间的祭祀文化和民俗娱乐相互融合并集中展示出来；其次，由于浙西南地区多山，环境闭塞，民俗活动种类繁多。但活动时间往往不长，短则半天一天，长则三五天。而开犁节活动从芒种开始，一直延续到当年的立冬前后，时间跨度长，这也是一般的民俗活动所无法比拟的；再次，

梯田祭祀（毛连舜摄）

开犁节活动仪式丰富多彩。比如迎神、祭神田、犒耕牛、分红肉、唱山歌等习俗，既有广泛的群众基础，又有较为原始的风貌，具有牢固的族群传承特点及质朴的原生态文化特征，很好地体现了活动的原始性和独特性。

另外，梅源地区众多的文化空间，包括禹王庙、古戏台、夫人宫、平水大王殿等场所的修建和维护，是开犁节活动得以兴盛和延续的重要依托，也是村民活动的重要文化空间和文化场所。受自然条件的制约，在过去的岁月中，梅源山区的经济发展一直相对缓慢，这也为当地传统的地域文化、宗族观念的延续创造了稳定的生存环境，使得这一地区的民俗传统一直处于一种半封闭

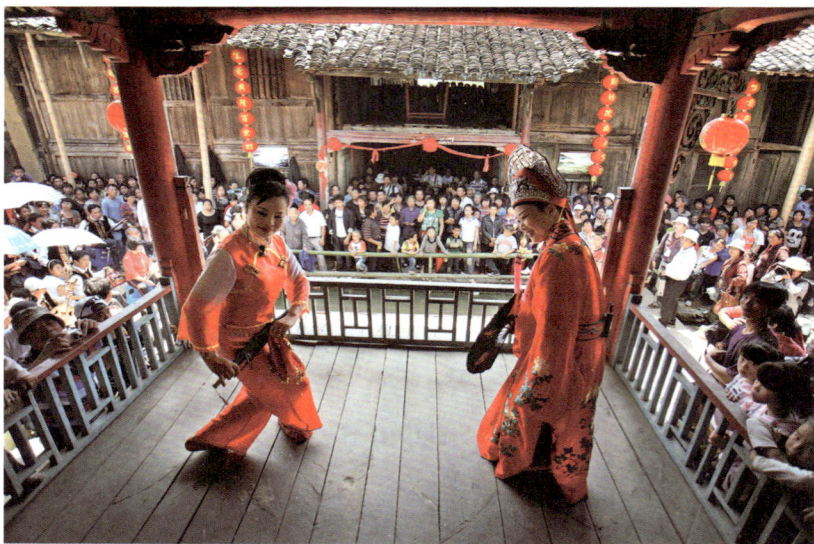

夫人宫社戏（郑叶青摄）

的状态，并在一代代的传承中发展创新。

梅源开犁节包含了广大民众对自身生存状态和生存环境的理性思考，是云和民俗文化的缩影，也是云和及周边地区广大民众民间信仰和文化生活的集中反映。它包含了文化娱乐、表演艺术、体育竞技、宗教信仰等诸多内容。沙铺山歌的粗犷豪放、畲族民歌的婉转悠扬、花鼓戏的风趣幽默、炼火的神奇惊险，宗教艺术和世俗文化在这里有机地结合，无不显示了云和民间文化的绚丽和多彩。开犁节活动极大地丰富了广大民众的精神文化生活，同时对促进社会稳定和谐，增强社会凝聚力等均起到重要的推动作用。

（二）农耕文化探索价值

开犁节是展示云和当地传统农耕文化的综合性舞台，该活动通过鸣喇苇、吼开山号子、犒牛、山歌对唱、祭神田、分红肉、演酬神戏、吃仙娘饭等一系列丰富的活动内容，从简单的祭祀活动，发展到有一套完整、固定的礼仪模式，形成一套完备的传统民间祭祀样本，具有丰富的农耕文化探索价值。梅源芒种开犁节习俗的延续和发展，让云和传统农耕文化有了一个展示和传播的平台，并在实践中不断守正创新。

在落后封闭的生活条件下，依靠农业生产为主要生存方式的贫困的当地民众，不得不求助神灵来解决自身遇到的种种问题，并以此来祈求五谷丰登、风调雨顺、人丁兴旺、四季平安。人们一方面通过崇拜以期望得到神灵的保护和庇佑，另一方面也遵守约束来避免神灵降下灾祸。他们在禹王庙、夫人宫、平水大王殿等场所转达自己对神灵的诉说，实现交流和沟通等目的。人神交流可以使民众在神灵的抚慰下得到心灵的愉悦，各种困惑得到开解，精神得到补

耕牛（吴维生摄）

偿。而这种崇拜和约束都符合人间的道义往来，这就在一定程度上起到弘扬道德正义和维护社会稳定的积极作用。同时，开犁节的主要内容是以当时占社会生活主导地位的农业生产作为对象，更能够得到民众的传承传播和社会各界的重视。

开犁节活动不仅仅在农耕社会起到聚集人心、发展生产的重要作用，其具有的娱乐功能使开犁节民俗活动形成巨大的文化向心力。开犁节不是单纯的象征性节日习俗，它也是当地民众生活整体的有机组成部分。沙铺山歌、畲族民歌、炼火、花鼓戏等极具地方特色的表演历史悠久、风格独特，他们既是社会发展进程中农耕生活的侧面反映，也是云和文化多样性的体现。为研究农耕时代的社会制度、生活方式、审美取向及农耕文明的起源发展都提供了重要线索。

（三）畲汉融合发展价值

梅源芒种开犁节是反映云和梅源地区畲汉两族群众农耕生活方式的有效途径。它较好地体现了农耕时代云和畲汉两族先民发展农业生产，促进社会和谐进步的共同美好愿望。梅源梯田的垦殖历史，就是畲汉两族同胞齐心协力发展农业生产的历史，而梅源芒种开犁节的举办和延续，也离不开畲汉两族民众的共同支持，携手参与。不论汉族还是畲族，在活动中都互相配合，团结合作，畲、汉两族早已结成"你中有我，我中有你"的和谐关系，形成

唱山歌（张少峰摄）

畲歌对唱（吕周亮摄）

了良好的民族团结融合发展的格局。开犁节活动的大小事务，由
参与群众一起商量决定；活动涉及的各类表演艺术也由畲汉两族
一起完成。正因为两族群众的团结合力，开犁节活动才能越做越

好。云和畲汉两族和睦相处和融合发展的成功经验，也为我省乃至我国的多民族共同繁荣提供了参考价值。

另外，开犁节活动属地域性族群自发式传承，以固定的时间、场所，丰富的程序性特征而传承不断。它的形成、发展，以及畲汉两族山歌对唱等艺术形式，对弘扬民族精神，促进汉畲两族的民族团结，均具有积极的社会意义。

[贰] 梅源芒种开犁节的现实意义

开犁节习俗延续至今，在不断传承发展的过程中，蕴含着历史、人文、生产、生活、民俗等诸多内涵，同时还融入了与时俱进的思想理念，是梅源山区广大民众的精神支柱和感情纽带，在社会经济持续发展的今天，仍然具有不小的现实意义。

（一）促进了历史文化遗产的保护

开犁节活动的形成、发展、传承和创新，是当地广大民众传统思想意识的反映和独特审美情趣的表现。作为云和当地一年中最重要的节日，开犁节丰富多彩的活动内容，营造了区域内团结互动的和谐氛围，有利于人们保持质朴、友善的精神风貌。同时，通过开犁节活动的积极开展，还保护了一大批珍贵的历史文化遗产，包括弥足珍贵的物质文化遗产和非物质文化遗产，成为当地历史文化遗产保护的重要平台。今天，历史的车轮向前滚动，但这部分珍贵的历史文化遗产，为我们追寻、研究农耕文明的起源和发展，探索和挖掘农耕时代的社会制度、生产方式、生活习俗、审美取向等均提供了重要依据。

（二）保障了自然生态环境的和谐稳定

开犁节传承发展数百年来，当地群众一直恪守传统习俗，在保护当地遗存的历史文化遗产的同时，还较好地保护了当地的自然生态环境。梅源山区良好的自然生态环境，也是开犁节生存和发展到今天还能够基本保持原真性和整体性的基础。基于梅源梯田良好的环境，才能够吸引越来越多的参与者，加入保护和传承开犁节的活动中来。因此，为了我们自己本身，更为了我们的子孙后代，对于大自然应心存感恩，对于自然环境应不遗余力地进行保护。科学在发展，人类也在进步，近年来，国家也加大了生态文明建设力度，以尊重自然、顺应自然、保护自然为基础的梅源开犁节秉承了生态文明建设的核心理念。顺应自然，是人类活动的基础，也是民俗活动重要的依据。过度索取和无序开发，很容易破坏当地良好的生态环境，也会对开犁节的可持续发展带来负面影响。

（三）带动了文旅融合发展

梅源芒种开犁节不但承载着历史文化保护传承的重担，而且在新时代很好地将文化和旅游相融合，成为云和县旅游产业高质量发展的重要平台。近年来，云和县正紧紧围绕打造"中国童话

旅游摄影基地（刘海波摄）

休闲旅游城"和"中国童话乡村"的目标，努力挖掘，提炼优秀
的传统民俗文化，并将其与地方经济社会发展相融合。梅源芒种
开犁节是云和农耕文明的鲜活实证，是弥足珍贵的文化财富，其
深厚的历史文化内涵是旅游产业发展的灵魂和动力，而旅游产业
的发展也将为传统民俗活动的保护传承营造一个良好的文化生态
环境。两者相辅相成、互相促进。开犁节活动的成功举办，无疑
是传统民俗活动与旅游产业结合发展的成功经验，也是推进传统
文化保护传承并服务于地方经济社会建设的有效举措。

　　截至目前，云和县已连续举办了16届开犁节，打造了"开犁节"这一重大节庆品牌，成功塑造了云和梯田旅游的特色形象，带动了乡村产业发展，提高了经济效益。

（四）推进了乡村振兴和共同富裕

当前，丽水市正深入实施非遗助力乡村振兴工程。以此为契机，云和的梅源芒种开犁节也能够更好地促进当地群众生产，增加就业增收渠道，通过开犁节活动的开展，大量外地游客的参与，不但带动了木质玩具、土特产等一、二产业的销售，还推动了旅游业、民宿业等第三产业的发展。这对推动云和当地广大村镇致富，村民增收，更好地服务于新时代文化高地和共同富裕示范区建设，为浙江争创社会主义现代化先行省提供了有力支撑。

民宿村之夜（潘芳芳摄）

五、梅源芒种开犁节的传承与保护

梅源芒种开犁节如何更好地活在当代，活在民众的生活当中，必须要走一条在保护中发展，在发展中保护的道路。要将科学保护和合理利用相结合，古为今用，洋为中用，辩证取舍，推陈出新，实现创造性转化，创新性发展。唯有如此，方能使非物质文化遗产活起来，活下去。

五、梅源芒种开犁节的传承与保护

[壹] 存续状况

　　梅源芒种开犁节作为一项地域性全民参与的民俗活动，以祭神娱人为目的，活动中的各类民俗内容丰富而复杂，每年都有主事人负责组织、协调、配合，按照当地梯田的耕作方式和农民的地方信仰而世代集体传承。活动通过农事操作、祭神赛歌等形式，有一套固定的仪式程序，集中展示山区农民在劳动生产中的习俗，较完整地保留了民俗活动的原生形态。该活动一直沿用"主事村"轮流执事组织管理的制度，形式代代相传，迄今不变。每年芒种前后，云和梅源山区以崇头镇梅竹村、下垟村为中心的 18 个村都会自觉参与开犁节活动。另外，参与人员除了活动主事村的村民外，云和其他乡镇及周边县市也有部分村民参与。活动主体以崇头镇 18 个村的村民为主，游行队伍人员 300 余人，演出人员 100 余人。整个活动全部参与人员一般约 3000 人，最多的时候达上万人。2006 年以来，梅源芒种开犁节已经成为展现云和农耕文明、助力乡村文化建设、提高乡民文化意识和文化自觉、凸显乡民文化自信的重要平台。但由于现代生活方式的多元化，当地民众的生产生活方式以及世界观、人生观、价值观等都发生了较大的变化，民间信仰逐渐淡化，对传统礼仪、祭祀程序等都有不同程度的忽视，开犁节民俗活动的神圣性也逐渐弱化。另外，和活动相关的山歌、地方戏等部分民间艺术形式亦存在传承后劲不足、后继乏人的问题。这些问题也影响了开犁节活动传承的完整性，需要进一步加大保护力度。

从当前的情形来看，云和梅源开犁节需要当地各级政府、文化部门和各村集体及广大民众的共同努力。需要结合当前的形势深入研究、策划和组织，进一步深挖活动主题，扩大载体，丰富活动内容，投入更多的人力物力，也需要广大民众坚定信心、坚定方向、始终如一，开犁节活动才能更好地可持续地传承和发展。

[贰] 传承群体

梅源芒种开犁节是一项群体性民俗活动，内容丰富繁多，参与传承的人群规模较大，涉及祈福迎神、祭神田、犒牛、开犁、山歌对唱、演酬神戏、吃仙娘饭等仪式及其余众多环节，仅凭单一传承人的力量无法完成。因此，需要十八村甚至更多的民众集体参与。参与活动的传承群体成员之间能保持相对密切的关系和较长期的交往，拥有较为一致的群体意识和活动规范。传承群体内部通过密切分工和积极合作使每一个环节能够更好地衔接与整合，形成较好的传承稳定性。该活动的主要传承群体有下垟村传承人群、坑根

村传承人群、梅竹村传承人群、梅源村传承人群、崇头村传承人群；主要代表性传承人有雷云伟、蓝宝珠、周世元等。

（一）传承人群

1.下垟村传承人群

下垟行政村包括下垟、赵善、墙围底3个自然村。下垟村以陈方伟、叶志和、毛益根、蓝少丽、雷建英、雷汉林、雷汉成、季云本等为核心，参与传承的群众约150人。其中陈方伟、雷汉林等擅长活动策划，主要负责组织和协调工作；叶志和、雷建英等能够熟练掌握活动仪式程序，如吹喇苇、犒牛、开犁、耕田等；毛益根、蓝林荣等则擅长竹茶筒、耕犁等活动器具的制作。

下垟传承人群（余雷摄）

2.坑根村传承人群

坑根行政村包括坑根、吴山、柳山头 3 个自然村。坑根村以叶家云、刘裕伟、张其虎、叶永长、叶永张、叶永旺、叶永平、陈马亮等为核心，参与传承的群众约 130 人。其中叶家云擅长活动策划，主要负责组织和协调工作；张其虎能够熟练掌握活动仪式的程序，如吹喇苇、犒牛、开犁、耕田等；叶永长则擅长做各类活动器具。

3.梅竹村传承人群

梅竹行政村包括坑头、墩头垟、梅九 3 个自然村。梅竹村以刘家明、练温友、练温苍、练温定、刘裕有等为核心，参与传承

梅竹村传承人群（符香环摄）

的群众约 150 人。其中刘家明擅长活动策划，负责组织和协调工作；练温友能够熟练掌握活动仪式程序，如吹喇苇、犒牛、开犁、耕田等；练温明则擅长做竹茶筒等活动器具；练温定、刘裕有负责迎神等系列活动。

4. 梅源村传承人群

梅源行政村包括梅源、张化 2 个自然村。梅源村以杨恒平、刘茂良、叶国平、沈飞林、刘义、练温东、王丹丹等为核心，参与传承的群众约 100 人。其中叶国平擅长活动策划，负责组织和协调工作；杨恒平能够熟练掌握活动仪式程序，如吹喇苇、犒牛、开犁、耕田等；刘茂良则擅长做竹茶筒等活动器具。

5. 崇头村传承人群

崇头行政村包括王家、李家、大派、垟里、店里、旱畔、朱源 7 个自然村。崇头村以项宗平、王存良、陈海荣、刘春林、吴丽娅、周宗跃、陈章辉、王水芬等为核心，参与传承的群众约 50 人。其中周宗跃负责活动的策划；陈章辉负责组织和协调工作；王水芬负责山歌对唱、演出等。

（二）代表性传承人

雷云伟（1950—2018），畲族，梅源芒种开犁节省级非遗代表性传承人。2008 年起担任下垟村村委会主任。他凭借自己在村里的威望，长期担任开犁节活动的主事人。他主要负责每年开犁节

雷云伟（左起第一）在活动中（龚启富摄）

活动的策划、组织和协调工作。除此之外，他熟练地掌握活动的仪式程序，如吹喇苇、犒牛、耕田等内容。同时他还是犁田、耙田的好把式，擅长做竹茶筒、耕犁等器具。一直以来，雷云伟工作认真负责，对于每年需要重点解决的经费、人员组织等具体问题，他事无巨细都亲力亲为，为开犁节活动的顺利举办和传承发展作出了较为突出的贡献。

蓝宝珠（1952—2017），畲族，梅源芒种开犁节省级非遗代表性传承人，下垟村村民。由于下垟村属畲族村落，传统民族民间艺术氛围浓厚，蓝宝珠从小生活在畲寨，非常热爱畲族民歌。她

蓝宝珠（左起第二）开犁节中山歌对唱（龚启富摄）

的爷爷雷德旺、父亲雷忠福都是她唱畲族民歌的启蒙老师。在每年的开犁节活动中，她的主要任务就是组织当地群众对唱山歌，她自己也勇挑重担，是活动的主要参与者。另外，蓝宝珠还积极带徒授艺，将自己的畲族山歌传授给下一代，培养了一大批畲族民歌的传承人。

周世元（1965—　），汉族，梅源芒种开犁节县级非遗代表性传承人，泮山头村村民。梯田山歌是云和当地的传统音乐，有独唱、对唱、联唱等多种形式。周世元从小受云和梯田山歌文化的熏陶，凭借一副好嗓子，经常参与当地部门组织的各类演出活动。在开犁节活动中，他是山歌队的主力，曾作为代表参加过周边市县的山歌会，受到当地群众的一致认可。除了自身积极参与开犁节活动，作为代表性传承人，周世元能够带动当地村民们积极参加山歌队伍，使云和梯田山歌这一传统音乐项目能够得到更好的传承发展。

[叁] 保护措施

（一）已采取的保护措施

1. 由云和县文旅局牵头，县非遗中心作为项目保护责任单位重点参与，制定并落实民俗类非遗项目的保护配套政策，加强项目的整体性保护。2009 年，云和县组建了梅源芒种开犁节工作领导小组，负责开犁节相关保护计划的策划、组织、管理、实施等内容，充分利用报刊、网络、电视、新媒体等宣传渠道，加大宣传推广，营造良好的活动氛围，以此来提升活动品牌和影响力。领导小组下设办公室及民俗活动组、宣传报道组、交通管制组、设备管理组和后勤服务组，全面保障了开犁节活动的顺利开展。

办公室负责制定梅源开犁节活动总体方案，制作、印发各种活动宣传资料，做好活动期间档案资料的收集和整理等。

民俗活动组负责梅竹、坑根、下垟 3 个村的民俗活动方案策划、组织、管理和实施，做好民俗活动中场地、农户、工具、人员等的落实，做好参加田间赛事活动的嘉宾及演员的人员落实，组织农民演员、各类节目的编排。

宣传报道组负责做好梯田开犁节节前、节中、节后各项活动的宣传报道。联系和协助各新闻媒体开展系列宣传报道，接待新闻媒体记者等。

交通管制组负责整个活动的安全保卫和相关村落环境卫生整治。负责活动期间车辆调度、停放、交通管制，活动秩序的维护，突发事件的处理以及梯田演出场地的电力保障等。

设备管理组负责演职人员道具、服装、设备等的落实和管理，演出设施设备的维护。

后勤服务组负责落实活动期间领导、嘉宾、工作人员的就餐，保障领导、嘉宾、工作人员的矿泉水、雨衣等各类物资的安排落实。

2. 建立梅源芒种开犁节活动专家指导组，加强开犁节活动指导及相关的理论研究。组织非遗中心工作人员、地方民俗文化专家、村镇文化站人员等深入梅源山区各村镇调研，搜集相关文献、实物，采访传承人群，做好原始资料的确认和记录。参与调查研究民俗类非遗项目的保护配套政策，加强项目的整体性保护。

3. 以非遗中心人员为主体，加强对项目原始资料和相关文献资料的整理与建档，建立专题数据库。依托数字化技术，提升项目的数字化保护水平。

4. 结合全县景区化建设的要求，收集开犁节部分实物和资料，建成开犁节民俗博物馆，展示和农耕文化有关的农具器具、设备设施、文字图片、录音录像，丰富展陈内容，提升广大游客的趣味性和参与度。

5. 自 2007 年起，云和每年举办开犁节，至 2022 年已成功举办了 16 届。2017 年，在云和县非遗馆内设立了农耕文化陈列展示厅。2018 年举办了老云和摄影比赛，并印制了摄影集 1 册。

上述这些活动的开展无疑进一步提升了开犁节这一民俗活动的知名度，有利于对其进行更好的传承与保护。为进一步促进文

开犁摄影（吕周亮摄）

旅融合，云和县还将开犁节活动和当地的农业生产活动相结合，不少的文化活动让游客参与其中，在亲身体验中感受农业生产的文化内涵，以此作为当地乡村经济振兴的突破口，使当地的产业结构得到进一步优化，大大提高了农民的经济收入。在丰富文化生活的同时，提升了村民素质，促进了村容村貌的改变。

6. 由县文旅局牵头，建立多个项目保护传习场所和多支传承人及志愿服务队伍。在开犁节活动核心村落建设一批项目传习所。近年来先后建立了梅源吹打乐队，多次举办畲族山歌、沙铺山歌传承培训班，在崇头镇中心小学建立传承基地和民歌培训社团，为代表性传承人及主要传承人群的传承活动和传承能力的提升提供政策和资金支持。以代表性传承人为核心，建设开犁节活动协调小组和志愿者服务队，负责民间活动的组织管理、互助协作和志愿服务。

7. 由文旅局协调宣传部门，强化开犁节品牌营造。依托图书馆、博物馆等建设开犁节习俗专题展陈空间。拍摄了专题片，建设了专题网站。加强了纸媒、网媒、微媒体等多元化媒体的宣传。

8. 成立了云和梅源芒种开犁节保护传承研究会。研究会人员由开犁节活动主事人、各个民间艺术团队传承人、县非遗保护中心工作人员及云和本地的民俗文化专家等人组成。同时聘请了浙江省非遗保护专家委员会委员、浙江师范大学民俗学教授陈华文等作为指导专家。研究会每年举办一次会议，研究探讨开犁节活

开犁节研究会（云和县文旅局提供）

动相关事宜，同时对项目的保护保存、传承传播和创造创新等方面开展理论研究和实践探索，进一步挖掘整理开犁节活动文化内涵，组织编辑出版相应的研究成果。

（二）未来保护计划

1.指导思想

坚持以习近平新时代中国特色社会主义思想为指导，认真落实习近平总书记关于非遗保护、传承、发展重要指示精神。继续坚持"科学保护，提高能力，弘扬价值，发展振兴"的思路，做好梅源芒种开犁节的保护传承和创新发展。

2. 基本原则

坚持真实性原则、整体性原则、合理性原则。

3. 总体目标

通过项目保护单位、主管部门及其他相关部门和全县人民的共同努力，逐步建立高效完整，传承有序、利用合理的梅源芒种开犁节保护机制。做好活动档案资料收集整理、传承人保护培养、活动宣传推广、生态环境治理等主要内容，走出一条可持续发展的保护传承之路。

4. 保护内容

（1）梅源芒种开犁节有关的文本、图片、视频、录音等相关档案资料的整理保存。

进一步全面收集和记录与开犁节活动有关的口述史、图片、音视频资料，将相关内容编印成册，为项目的保护和传承进一步提供充分的资料基础；对今后开展的开犁节活动全过程用现代化手段进行更全面更深入的记录整理。

（2）梅源芒种开犁节传承人的保护和培养。

进一步建立开犁节活动业余保护队伍；举办"梅源芒种开犁节"传承人群培训班，持续培养更多的开犁节活动骨干人才。

（3）梅源芒种开犁节的仪式、规程的进一步完善和文化内涵的进一步挖掘整理。

成立由省市民俗专家、本地专业人士、保护单位和传承人在内的开犁节民俗文化研究会，对开犁节现有的仪式、规程进行深入研究，提出更多更好的完善意见和建议；深化民俗活动理论研究，举办"梅源芒种开犁节高峰论坛"和"二十四节气——芒种开犁节全国性民俗文化研讨会"，进一步凸显开犁节活动文化内涵。

（4）梅源开犁节活动相关的保护基地、文化场所和文化环境的保护。

加强开犁节活动保护基地建设，对现有展示场所进行整体维修；投入资金，筹备建设新的开犁节活动文化展示馆，集展示展览、研学研究、旅游体验为一体，以实物陈列和幻影成像等高科技形式进一步营造开犁节文化环境。

5.保护措施

（1）政策措施

云和县文化部门制定《云和县级非物质文化遗产代表性项目管理暂行办法》《云和县级非物质文化遗产项目代表性传承人认定与管理暂行办法》《云和县非物质文化遗产传承基地管理暂行办法》等制度，有力地加强了对梅源芒种开犁节项目和传承人的动态管理，落实项目保护单位和传承基地、传承人扶持等政策措施，制定云和县非物质文化遗产分级保护制度和相关的保护标准。

（2）组织机构

云和县人民政府为梅源芒种开犁节的保护传承建立了专门的保护工作领导小组和专家指导组，负责制定开犁节保护计划、保护内容及具体工作的开展。近年来还下发了《关于成立梅源梯田开犁节保护工作领导小组的通知》《关于成立梅源梯田开犁节保护工作专家组的通知》等文件；领导小组由县人民政府分管副县长任组长，县文旅局局长任副组长，县文化旅游、财政、民政、教育等有关人员和当地乡镇负责人为成员。

此外，当地政府部门还加强了专家队伍建设，聘请地方高校、丽水市及云和县文化系统有关人员、当地离退休干部、民俗学专家等数十人组成了专家指导组。本土专家和外地专家互相支持，通力合作，进一步挖掘梅源芒种开犁节相关的活动内容，为项目的保护传承和创新发展提供支持。

（3）保护机制

由云和县文化部门联合其他有关部门编制《云和县非物质文化遗产保护规划》，把梅源芒种开犁节项目纳入重点保护对象，制定详细的近期规划和长远目标，实行区域性、整体性保护，努力构建完整长效的保护传承和创新发展机制。

（4）保护经费

建立由社会集资为主、政府支持为辅的开犁节项目经费保障机制。多年来，梅源芒种开犁节的活动经费一直以当地村民自筹为主，所有的活动组织、人员协调等也是当地村民无偿参与支持的。随着开犁节活动的深入开展，活动内容越来越丰富，需要的保障经费也越来越多，当地村民的经费支出压力越来越大。为进一步落实梅源芒种开犁节的保护传承和创新发展，经云和县委县政府和有关部门的协调努力，近年来，县财政每年拨出一定的专项资金，作为开犁节的配套资金，并争取逐年增加，保证项目资金的落实。同时积极引入社会赞助，多渠道解决资金问题。在此基础上，建成了由村民募集、社会赞助、财政配套相结合的资金支持体系。

另外，有关部门还对专项资金的使用进行了规范。经确定，该项目的专项资金主要用于下列几个方面：1. 开犁节历史资料的调查、整理和项目申报；2. 开犁节保护场所的修缮和实物的征集；3. 开犁节传承人的保护和培养，传承基地的建设和补助；4. 开犁节活动的组织和相关民俗活动的展示展演；5. 开犁节活动的宣传推广、培训指导、理论研究等。

（5）人员编制

为保证云和县非遗保护工作的正常开展和开犁节项目的保护传承和创新发展，有关部门在研究解决，适当增加云和县非物质文化遗产保护中心的编制数和工作人员数量。

（6）调查资料

为进一步做好梅源芒种开犁节项目的调查和资料整理，通过个别访谈、群众座谈、问卷调查、资料查阅、活动观摩等方式，进一步收集整理开犁节历史来源、文化内涵、表现形式、传承情况等资料；运用文字、视频、录音、图片等多种形式进行真实、系统、全面的记录，建立一套详细完整的数据库档案。另外，还由县文旅局牵头，筹划设立云和梯田文化研究中心，举办学术会议和相关论坛，推动研究成果的发表和出版。

（7）队伍建设

重点加强对开犁节活动现有传承人的保护，为传承人建立档案资料，收集传承人提供的实物资料等，充实到项目资料库；组织和开犁节活动相关的项目传承人参加各类培训活动，加强后备人才培养。

6. 五年保护行动计划主要内容

2022 年：在原有档案资料整理的基础上，进一步收集整理梅源芒种开犁节项目的相关资料；不断补充文字、图片、录音、视频等内容，建立一套较为完整的资料并加以保存。

2023 年：将开犁节保护传承研究会关于梅源开犁节文化内涵等研究内容进行整理，编辑出版《梅源芒种开犁节》书籍，拍摄一部高质量的宣传片，进一步扩大宣传力度和影响力。

2024 年：加强专家指导，举办和梅源芒种开犁节相关的民间艺术项目培训；提升培训班教学能力，提高演艺水平；鼓励老艺人带徒授艺，组建民间艺术表演团队；坚持政府主导、社会参与的原则，建设梅源芒种开犁节传承教学基地、传习所等传承场所，优化传承环境。

2025 年：邀请专家指导，创新保护传承的方式方法，设计制作开犁节相关的文创产品和衍生品，提高经济效益；建立和完善梅源芒种开犁节保护传承机制，进一步激发传承人群和代表性传承人的积极性和主动性；挖掘民俗活动新的价值，探索梅源开犁节和当地旅游融合发展的新途径。

2026 年：完善梅源芒种开犁节活动主阵地基础设施建设，建成开犁节文化公园、文化广场，改善开犁节活动空间和生存环境；开发两条"寻找二十四节气之美——云和开犁节"非遗主题旅游线路，带动旅游产业增产增收；和遂昌班春劝农等二十四节气项目保护地加强合作，建成"二十四节气系列民俗体验馆——云和梅源芒种开犁节分馆"。

附录

[壹] 大事记

历届开犁节活动纪实

1. 2007 年 6 月 6 日，由中共云和县委宣传部、云和县农村工作办公室、云和县崇头镇人民政府、云和县风景旅游局主办，云和县文化广电新闻出版局、云和县环保局、云和县文联协办的首届云和梅源梯田开犁节在梅源梯田举办，本次活动的主题为"演绎千年

山村牧歌（云和县非遗中心提供）

农耕文化，展现万亩梯田景观"，活动主要包括摄影、传统农耕文化演绎、万亩梯田景观展现、原生态文化采风、开犁仪式和梯田论坛等内容。开犁仪式又分为喊开山号子、吹喇苇、敲山村锣鼓、放竹筒炮、芒种犒牛、唱梯田山歌、展田园秀装、祭神田、分红肉、唱山村牧歌等环节。另外，活动期间还举办了浙江第一梯田——梅源梯田开犁仪式活动现场抓拍暨梅源风光图片征集赛。

2. 2008 年 6 月 6 日，由中共云和县委宣传部，云和县文化广电新闻出版局，云和县供销合作总社，云和县崇头镇党委、政府主办的第二届云和梅源梯田开犁节暨县"供销杯"农耕文化摄影比赛在梅源梯田举办，活动主要包括开山号子、祭神田、分红肉、犒牛、开犁、插秧比赛等环节。除此之外还举办了"供销杯"农耕文化摄影比赛颁奖仪式。

3. 2009 年 6 月 6 日，由中共云和县委宣传部，云和县崇头镇党委、政府，云和县文化广电新闻出版局，云和县风景旅游局，云和县供销合作总社主办；云和县文学艺术界联合会协办的第三届梅源梯田芒种开

开犁节插秧比赛（刘海波摄）

犁节在梅源梯田举办。本届活动的主题为"传承民俗文化，弘扬农耕文明"。

4. 2010 年 6 月 5 日，由浙江省摄影家协会、丽水市旅游局、云和县人民政府主办，中共云和县委宣传部、崇头镇人民政府、云和县风景旅游局、云和县农村工作办公室和云和县文化广电新闻出版局承办的第四届云和梯田开犁节成功举办。原国家旅游局国际司司长李汉本，市领导陈建波及中央、省、市媒体记者和全

2010年开犁节农民趣味运动会（杨殿良摄）

国各地的摄影爱好者参加了开幕式。本届活动的主题为"演绎传统农耕文化,展现云和梯田风采"。开犁节当天的活动地点主要集中在下垟村梯田及赵善村。活动内容除了开犁节的主要仪式外,还包括农耕时装秀等文艺演出,以及背媳妇、角力、摸彩鲤、泡老茶、打年糕、做麻糍、磨豆腐、编草鞋等民俗活动。此外,为带动旅游业的发展,当地还为各位游客和嘉宾们制定了 6 月 7 日的旅游观光路线。并且举办了"云和梯田开犁节摄影抓拍大赛",

充分调动了各位摄影爱好者的拍摄热情。

5. 2011 年 6 月 5 日，由浙江省摄影家协会、丽水市旅游局、云和县人民政府主办的第五届云和开犁节成功举办。本次活动的主题是"打造中国最美梯田"。本届活动增设了网络旅游版主云和游这一活动载体，营造了浓厚的前期活动氛围，吸引不同群体关注云和梯田，进一步推广云和梯田美景。

6. 2012 年 6 月 2 日，由浙江省非物质文化遗产保护工作领导小组办公室、云和县人民政府主办的第六届云和梯田开犁节举行。丽水市人民政府副市长葛学斌、中共云和县委书记张建明等领导出

摄影爱好者（李存仁摄）

席开幕式并为云和梯田"国家 4A 景区""中国特色旅游最佳湿地"、西子画院创作基地揭牌。本届开犁节以"相约云和梯田，品读农耕文化"为主题，通过丰富多彩的活动，展示云和梯田原生态的自然景观和丰富的历史遗存，提升和丰富云和梯田的文化品质。开犁节期间，除了举办摄影节等传统活动外，增加了耒耜表演、抢媳妇、摸彩鲤、泥地障碍跑、本土音乐会等新内容，还组织开展喝老茶，品咸菜，做麻糍、麻叶粿、油筒饼、煎雀、山豆腐等美食活动。各种活动的互动性、参与性与融入性进一步得到提升。

7. 2013 年 6 月 9 日，由云和县崇头镇人民政府、云和县风景旅

游局主办的第七届云和梯田开犁节在云和梯田景区举办。本届活动的主题为"观梯田胜景、品农耕文化"。此次活动采取了市场化运作方式进行，邀请了多家专业媒体、旅行社以及多名摄影家参与。

8. 2014 年 6 月 7 日，第八届云和梯田开犁节暨"走读浙江"首届大型亲子文化旅游节在云和梯田景区举办。本届开犁节活动增设了操石磉、龙接凤、板鞋竞速等内容。

9. 2015 年 6 月 5 日，由浙江日报报业集团、云和县风景旅游局、云和县文广新局（体育局）、崇头镇人民政府主办，云和梯田景区管委会承办，云和隐居梯田民宿酒店协办的第九届云和梯田开犁节成功举办。本届活动的主题是"为了原生态，展示最美云和，走起"。因此本届开犁节围绕着"原生态"这一要素开展了许多活动。例如，开犁节开幕式当天的养生菜评选启动仪式，在云和梯田游客接待中心商业街举办的特色养生菜（点心）评选活动，"天籁之音"梯田原生态音乐会以及省生态运动会梯田站活动。此外，"百辆奔驰游云和"自驾活动也是本届开犁节令人瞩目的活动之一。

10. 2016 年 6 月 5 日，第十届云和梯田开犁节在梅源梯田举办。本届活动的主题为"和着自然的拍子，领略璞真梯田"。本次活动采取了线上线下相结合的方式。线上活动有"云上之城和美家园"开犁节微摄影大赛；线下活动中不同以往的有"山水童话行摄云和"旅游摄影展、创意稻草人、浙江省直机关文体协会时装队旗袍秀表演、星空帐篷客、开犁节专场音乐会等。这些活动进一步深化了云和县"旅游＋文化、音乐、体育、美学"等产业的融合发展，加强了中国农业遗产保护，有利于着力打造云和开犁节生态旅游品牌，扩大云和旅游的知名度和影响力。

11. 2017 年 6 月 2 日，由云和县人民政府、《小康》杂志社、浙江省旅游信息中心主办，云和县旅委、浙江省旅游信息中心有限公司、崇头镇人民政府承办，中共云和县委宣传部、云和县农办、云和县农业局、云和县文广新局、梯田景区管委会协办的第十一届云和梯田开犁节成功举办。本届活动的主题是"守望梯田，共享自然生长的云上生活"。本届活动依然延续了线上线下相结合的方式。本届的线上活动为"和着自然的拍子·播种最美的梯田"云和梯田开犁节儿童绘画大赛。值得注意的是，线下活动中增设"梯田保护与发展高峰论坛"（本届论坛的主题是"深呼吸、慢生活、大健康"），并成立"梯田保护与发展联盟"。此外，线下活动中还有：梯田美食节、"和着自然的拍子·云上天籁汽车音乐会"、开犁节媒体采风活动、"青径梯田魅力乡游"自行车爬坡赛等新项目。

12. 2018 年 6 月 1 日，由浙江省旅游局、中国旅游报社指导，云和县人民政府、浙江省旅游信息中心主办，云和县旅委、浙江省旅游信息中心有限公司、云和县农办、浙江奥美立文化发展有限公司承办，中共云和县委宣传部、云和县文广新局（体育局）、

云和梯田景区管委会、云和梯田投资发展有限公司协办的第十二届开犁节成功举办。本届活动的主题为"童话梯田里，共享云和你"。本届开犁节的线上活动为"和着自然的拍子，登顶最美的梯田"云和梯田网络毅行赛。线下活动中新项目有："2018 全球梯田联盟产业经济研讨会"、首届中国云和云居·六头民宿发展论坛、"和着自然的拍子——星空朗读者"美文品读会、"共享梯田·魅力云和"千人毅行大赛。

13. 2019 年 6 月 1 日，由云和县人民政府、杭州商贸旅游集团主办，云和梯田投资发展有限公司、浙江旅游信息中心有限公司承办，杭州宏逸投资集团有限公司、浙江省文化和旅游信息中心、云和县童话云和"大花园"建设领导小组办公室、云和县文化和广电旅游体育局、云和县崇头镇人民政府协办的第十三届云和梯田开犁节成功举办。该活动得到了新华网、人民网、中国新闻网、新浪网、浙江日报等媒体与美团大众点评的支持。本届活动的主题是"梯田共生·文旅共融"，该活动主题顺应了当下文旅融合的热潮。在活动内容中，云和梯田文创集市、童话云和梯田艺术展、无人机摄影活动等充分体现了本届开犁节的新意。

14. 2020 年 6 月 5 日，由云和县人民政府、杭州商贸旅游集团主办，云和梯田投资发展有限公司、浙江旅游信息中心有限公司承办，杭州宏逸投资集团有限公司、浙江省文化和旅游信息中心、云和县文化和广电旅游体育局、云和县崇头镇人民政府协办的第十四届云和梯田开犁节在深入贯彻省委、省政府新冠肺炎防疫要求的前提下顺利举办。本次活动获得新华网、人民网、中国新闻网、新浪网、浙江日报、中国旅游报等媒体和美团、Feekr 旅行、淘宝直播、抖音、途易旅游等品牌方的支持。本届活动的主题是"想见云和你"。本届开犁节的线上活动有"我在云和有丘田"淘宝直播带货、"云和梯田 DOU 在看"抖音话题等,借助当下的潮流方式扩大了开犁节的传播范围,助力发展梯田旅游经济。线下活动中有"自助游、省内组团游"产品研讨会、云和梯田田园市集、"你肯定没玩过"非遗自驾体验游、崇头镇第三届"乐耕节"暨市级非遗"沙铺山歌"擂台赛等新项目。

15. 2021 年 6 月 4 日,由文化和旅游部指导,中国文化传媒集团、中国城市规划学会乡村规划与建设学术委员会、中国管理科学学会旅游专业委员会、浙江省文化和旅游厅、云和县人民政府、杭州市商贸旅游集团主办,云和县文化和广电旅游体育局、云和县崇头镇人民政府、云和梯田投资发展有限公司、浙江广播电视集团浙江之声、浙江旅游信息中心有限公司,浙江省文化和旅游宣传推广信息中心、杭州宏逸投资集团有限公司协办的第十五届云和梯田开犁节在云和梯田景区举办。本届活动的主题为"缘见云和你"。2020 年,云和梯田景区通过国家 5A 级旅游景区景观质

量评审。2021年5月24日，梅源芒种开犁节成功入围第五批国家级非物质文化遗产代表性项目名录，因此，2021年度开犁节活动较往年更为隆重，影响力更强，活动时间延长，活动内容丰富，参与人员剧增。从5月底开始，云和县通过诗画浙江媒体矩阵、抖音、杭商旅媒体矩阵等进行了预热宣传，并拍摄了梯田尾波滑水表演的宣传视频。开犁节期间的活动内容主要有：建党百年主题新闻发布会、云和梯田开犁节开幕式、梯田文化遗产保护与乡村产业振兴研讨会、田园嘉年华、泥泞障碍挑战赛、云和"野梨"音乐节、跨国CP来开犁、开犁非遗民俗表演等。通过围绕"最富底蕴""最具潜力""最有活力""最为动听"的"四个最"，强势打造中国"最好玩"梯田。

16. 2022年6月15日，由浙江省文化和旅游厅、丽水市人民政府主办，丽水市文化和广电旅游体育局、云和县人民政府、杭州市商贸旅游集团有限公司协办的第十七届浙江山水旅游节暨第十六届云和梯田开犁节在云和梯田景区举行，今年首次两节合办。本届开犁节以"诗情画意共富路·绿水青山云和你"为主题，除沿袭历届固有的民俗表演、农耕文化体验外，还组织了百名浙里好玩达人打卡云和，并举办梯田毅行、"非遗四季行"、品"百县千碗·云和味道"等一系列好玩又有意义的活动，进一步助力梯田景区创建国家5A级旅游景区。

［贰］文献记载

（一）（清）伍承吉修、王士鈖纂《云和县志》，清同治三年（1864）本

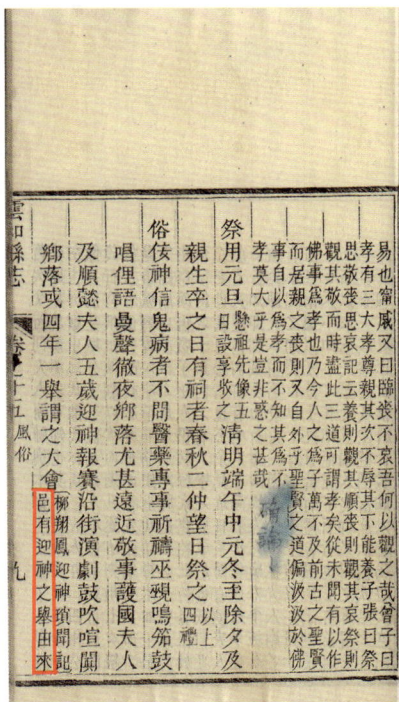

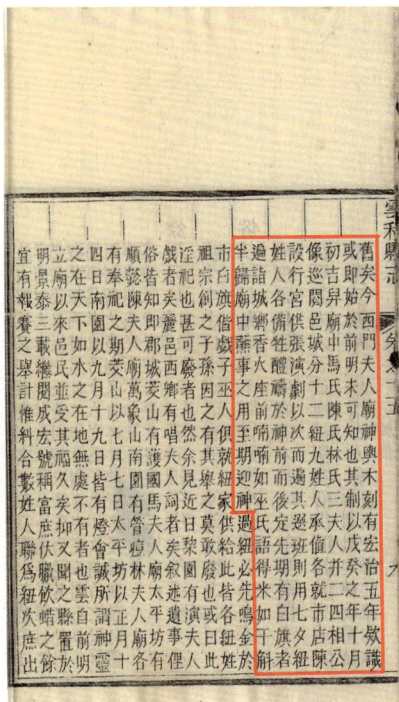

同治《云和县志》卷十五

　　同治《云和县志》卷十五载："邑有迎神之举，由来旧矣。今西门夫人庙神舆木刻，有宏（弘）治五年（1492）款识。……邑城分十二纽……至期迎神。"

同治《云和县志》卷十五

同治《云和县志》卷十六

同治《云和县志》卷十五载："畲民不知其种类，或云出粤东海岛间，自国朝康熙初迁处郡，依山结庐，务耕作。"

同治《云和县志》卷十六载："佃田多是盘瓠种，雨过夫妻尽把犁（其一，畲民系盘瓠遗种，夫妇并耕，云邑荒田多赖开垦）。"

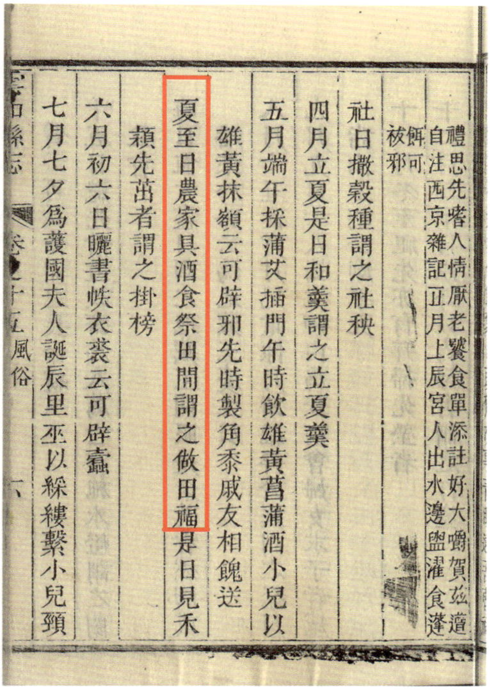

雲和縣志 卷之十五 風俗

禮思先嗜人情厭老饕食單添註好大嚼賀茲遵

自注西京雜記正月上辰宮人出水邊盥濯食蓬餌可祓邪

社日撒穀種謂之社秧

四月立夏是日和羹謂之立夏羹

五月端午採蒲艾插門午時飲雄黃菖蒲酒小兒以雄黃抹額云可辟邪先時製角黍戚友相餽送

夏至日農家具酒食祭田間謂之做田福是日見禾穎先茁者謂之掛榜

六月初六日曬書帙衣裳云可辟蠹

七月七夕爲護國夫人誕辰里巫以綵縷繫小兒頸

同治《云和县志》卷十五

花桃蓐媚解籜竹紋斑斗酒青錢百行沽往復還柴門書對句春酒飲來酣天牛霞成綵山頭雪似銀放燈渾老少響爆送窮貧負米村民至賣花兼賣薪土俗還存櫟年光今始正蘭香知拜歲鵲噪喜占晴禮佛忙村媪求蒙笑老生燈花開不夜簇擁上街行

雲和雜詠用劉在園太守韻　邑令　宋雲會

四面寒山兩道溪溪山深處幾犁黎除荒鐲賦常逕破屋頹垣築未齊祇有茅棚藏牝犢更無籬落隔鄰雞佃田多是盤瓠種畲民係盤瓠遺種夫婦並耕雲邑荒田多賴開墾雨過夫妻盡把犁

處州府志 卷之三十 詩篇

（清）《处州府志》，光绪三年刊本

同治《云和县志》卷十五：“夏至日，农家具酒食祭田间，谓之做田福。”

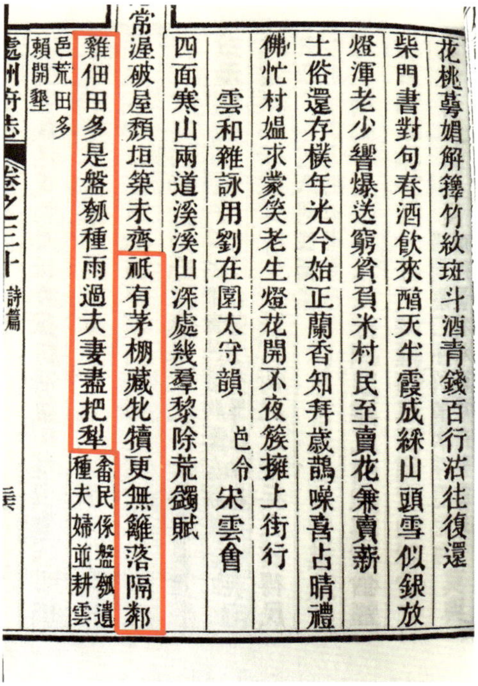

（二）（清）《处州府志》，光绪三年刊本

《云和杂咏用刘在园太守韵》：“只有茅棚藏牝犊……佃田多是盘瓠种，雨过夫妻尽把犁。”

（三）（清）项栈头（今崇头镇坑头村）《坑头柳氏族谱》

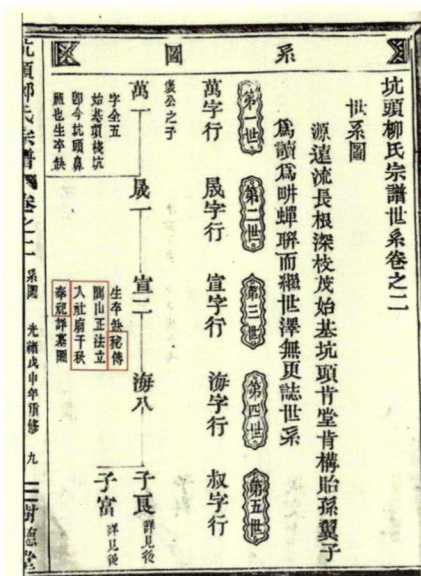

（清）项栈头（今崇头镇坑头村）《柳氏族谱》

《坑头柳氏宗谱》："秘传闾山正法立入社庙千秋奉祀。"

[叁]相关传说

（一）龙母仙娘传说

相传元至大年间，当时云和尚未立县，属丽水西阳里浮云乡。有一柳姓大户，河东旧家住浮云乡沙岭铺，兄弟有四：曰茂荣、茂华、茂棠、茂枝。辟土稼穑，孝友闻家，声著乡里。茂棠生有四子三女，子名绍裘、绍箕、绍贤、绍能，女名如菊、如莲、如兰。据同治《云和县志》和《柳氏宗谱》记载：如兰生于至大三年（1310）三月十四日辰时，生性好佛，15岁时一日伴同嫂嫂往后溪洗衣。后溪古时称黄溪，源出娄狗山（即今鹿角尖），逶迤三十余里。姑嫂俩正在浣衣，如兰年少眼尖，看见上游有一只美丽可爱的圆蛋，光闪闪的半沉半浮地漂来，瞬间来到身边。顺手一捞，执着细看，好稀奇的一个蛋哪！光芒莹放，宜手肌滑，似软非软，似硬非硬，越看越喜欢，爱不释手。嫂嫂站起来欲接过手一看，可如兰执意不肯，一转身将蛋含到嘴里藏过，再一转身，双手一张说道："没了。"没想到这一叫，嘴一张一闭，竟然将蛋囫囵吞到肚子里去了。

从那时起，姑娘竟然怀上了孕。可也奇怪，如兰怀孕十月并不分娩，且人更眉清目秀，神采丰韵，举止敏捷。闲来与母亲念佛，说话更善解人意，众邻相处和睦，一直怀孕三年。到了如兰18岁那年。忽一日，如兰腹内盘动疼痛。光天化日之下有金甲神身长二丈，护住房门，并有黄龙绕枢，闻空中有笙箫鼓乐之声，异香盈屋。当日如兰产下一子，不见其形，但见一道霞光腾空而去。却每晚均有子吸乳，可从不开言。时隔半年，如兰问曰："你到底是何物？为何总不显身？白天不见，晚上回来，我孕育你三年，是神是妖是龙是仙总得给娘见上一面。"龙子终于开口应诺："娘啊，我是龙，三日后当来接娘去清净世界。

请您沐浴更衣，中堂点上香火，准备一大桶净水，放在身边，您坐在红毯铺上的八仙椅上，那日我遁水来见您。"三天后，如兰身边放着盛麻丝的大箩筐，一边等，一边搓捻麻线（把麻纤维披开，用手搓捻成细麻丝，用来织夏布）。时近正午，但见光天化日自东南飞来一团银白彩云，平地一声霹雳，接着闪电连连，雷声阵阵，乌云翻滚，豆大雨点劈头盖脸倾将下来。如兰正在惊奇，身边水桶中晃晃作响，猛跃出一条金龙，金光万道，绕中堂廊柱一阵盘旋后，转到如兰身边背起她望空而去。"娘，儿要为您安家，娘可要热闹处去，还是清净世界？""儿呀，娘爱山水清幽，清净处所就是。"龙儿把如兰背到水鱼洞去安家，要在水鱼洞建立庙宇。可第二天早晨，如兰听见了狗叫鸡啼声，就对龙儿说："此处欠安静，我如今已列入仙班，不再食人间烟火，还是到深山高谷，人迹罕至的地方好。"依如兰所愿，龙儿将娘再背到了麻垟仙坑仙人洞安身——就是现在的夏洞天。

那日，狂风暴雨中，众人见神龙金光笼罩背如兰盘空飞升而去，全都惊呆了。瞬间，云散日开，一切如常，人们发现麻绩也被牵带一路飞去，于是顺着麻绩所向，披荆斩棘，终于寻到了仙人洞。夏洞天风景秀丽，胜过仙境。后人崇拜龙母如兰，建庙一座曰"龙母仙娘庙"，尊龙母为女神，一年四季香火不断。

（二）牛大王传说

云和凤凰山后儿童公园的尽头，原来有一座特别的庙宇，供奉着一个古怪的神灵，名叫"牛大王"。每年冬至，这里香火缭绕，热闹非常。原来，凡是养牛户，这一天都要备办三牲来祭祀牛大王。祭祀之后，就把牛赶到山湾内放牧，这个湾就叫"牛大王湾"。里面湾岗很多、很深，青草茂盛，牛一进湾，就不用管了，大家可以各自回家去干活。传说，从冬至这天开始，牛大王就会替大伙看管牛群。牧童只要把牛赶入湾内，黄昏到这里等候，牛群就会吃得饱饱的自己出来，从来没有谁家丢失过牛。

母牛生了小牛，养牛户就要做一钵糯米糖麻糍来做"牛三旦"。孩子们老早就在这里等候——抢麻糍。大家都在动脑筋，想主意，用什么手段把麻糍抢到手，吃个痛快。

据说，"牛大王"是个"快活神"，喜欢热闹，大家抢得越热闹，他就越高兴。常常是主人点上香烛、麻糍未拿上祭台就被最机灵的孩子抢走了，边吃边逃。后面紧紧赶着一大群人，或迂回包抄，或左右拦截，或四面包围，展开一场争夺战。往往有青年、中年、老年人加入战阵，不论谁追着捧麻糍钵的人，都会毫不客气地伸手抢扭一团麻糍塞入嘴里，抢得十分有趣，当然吃得也十分有味。

有时人数不多，可能会文气一点。那就是等主祭的人把麻糍

钵在供桌上摆定，然后喊一声"抢"，再展开争夺战，只不过相差分秒罢了！

传说，早年这里的牛大王是一尊木刻的神像。

每天，孩子们把牛赶进山湾里，就在这小庙里玩。一天，一个调皮精想了个绝招——在庙前大树上吊根牛绳，把木雕牛大王缚在牛绳上，让它荡秋千，天天如此，玩得很有趣。有一天，玩得正高兴，一位山主看到了，怒冲冲地骂道："你们这些孩子野得出奇了，竟敢用牛绳叫菩萨上吊，明天要你家杀猪、宰羊到神前认罪。否则，你们就别想活了！"孩子们被吓得号啕大哭起来，其中一个孩子一口气转不过来，晕倒在地上不动了。同时，山主也突然肚子痛得肠断腹裂，"天啊！天啊"乱喊乱叫着在地上打滚。这时，倒地的孩子突然跳了起来，双眼睁得大大的，厉声道："狗山主，你好大的胆子，孩子们和我玩得好好的，你为啥吓唬他们，阻碍我们游戏？明天罚你杀猪宰羊到我庙前谢罪，还有要向孩子们作揖道歉，以后再不可欺负他们，要不然，就拿你到十八层地狱。"山主听了，连声求饶，爬起来把头叩得咚咚响。那孩子一醒转来，山主的肚痛也止了，像被人敲伤的野狗，一溜烟跑回家去。当然，过二天还得老老实实把猪羊祭品抬来，按牛大王的吩咐——照办。

据说"牛大王"成神前原是财主的看牛老头。每天和孩子们一起放牛、猜子、摔跤，俨然也是个孩子，因此对孩子们特别亲切和照顾。从此，牛大王庙就成了孩子们的游乐场。

[肆] 相关论文

《图书馆参与非物质文化遗产保护与传承的探索
——以梅源梯田开犁节为例》

王燕萍

摘要 非物质文化遗产具有活态性、民间性、地域性、非物质性等特征。图书馆对其保护主要是通过文字、图片、音像等方式将其收集记录下来并加以展示还原。文章介绍了云和县图书馆在参与非物质文化遗产保护方面的一些做法：实物征集、制作照片档案、记录技艺、编辑民歌集、参与规划展厅建设。

关键词 图书馆；非物质文化遗产；传承；保护

1. 梅源梯田开犁节概述及特征

中国传统农耕文明延续了几千年，形成了各具特色的民族民间文化形态。梅源梯田开犁节，过去称牛大王节，是世代繁衍生息在这片热土上的人们每年都要举行的传统农耕习俗，至今已有800多年的历史。开犁节民俗活动内容包括吼开山号子、芒种犒牛、山歌对唱、祭神田、分红肉等内容，涵盖了民间艺术的展示、农耕器具的制作、节日食品制作和相关的民风民俗等方面，集中反映了一定地域、一定人群的生活方式、思维方式、价值观念、

审美情趣。非物质文化遗产的鲜活性、复杂性和多样性在开犁节民俗活动中，得到淋漓尽致的表现。另外，开犁节是传统农耕习俗之一，它具有一般非物质文化遗产所共有的特征，主要有非物质性、活态性、民间性和地域性。非物质文化遗产保护两种最基本的方式是：一是通过文字、图片、音像等方式，将这些"无形"遗产进行有形的记录、保存；二是通过人的传承使其代代相传。图书馆对非物质文化遗产的保护主要通过第一种方式，将其以有形的文献形式进行永久的保存。

2. 积极收集资料，建立开犁节档案库

云和县图书馆地方文献部长期从事地方文化的挖掘和研究，在对已有资料进行查询、考证的基础上，通过田野调查，又掌握了详实的第一手资料，整合普查及研究成果，对开犁节民俗活动的各个文化组成部分进行深入分析、整理，建立开犁节档案库，确保最大限度地还原传统民俗活动本来面貌。档案库资料收集主要包括以下方面：

（1）对农耕生产技能的挖掘、保护

开犁节民俗活动产生于深厚的农耕文明的土壤，是颇具代表性的传统农耕习俗之一。因此，对农耕生产技艺及农具制作技艺的保护是重中之重。由于机械化生产在云和地区不能实现，这为维系完好的开犁节民俗活动原生状态提供了生存空间和条件。另外，木犁的取材、制作，它每个线条的弯曲和部件的结合，在不断的实践中完善，再加上它的操作技巧等，都体现了祖先的智慧。因此对于技艺性的文化遗产的保护，图书馆除了对其进行科学分类和记录外，还通过积极参与实物征集，制作照片档案等形式，既为图书馆特色文献库建设提供了完整的档案资料，也为下一步民俗展厅建设打下坚实的基础。

（2）对节日祭祀供品制作技艺的挖掘、保护

比如在开犁节民俗仪式中制作和准备的各种节日食品：蓬餜、蛋丝酒、豆腐以及家猪等祭祀供品，就是山区人们日常的生活食品，一种日常而特殊生活样式的表现。芒种季节正是高寒山区蓬蒿生长的旺季，在牛大王节上，人们用蓬蒿和米粉制作成糕点，以此作为祭祀供品。犒牛的米汤和蛋丝红酒，这些都是山民们的日常生活食品。像蛋丝红酒，是山民们劳作之后作为滋补品食用的，现在人们用最好的东西犒劳耕牛，足以表现山民们浓烈而质朴的感恩之情。这种寄托着人们朴素的精神情感的民俗食品制作工艺是我们记录和保护的重点。

（3）对原生态民间艺术的挖掘、保护

开犁节之所以能流传至今，除了其浓厚的农耕习俗和祀神仪式外，还在于它的娱乐性。活动过程中演奏的民间吹打音乐，世代相传，并与当时当地的民众生活紧密相关。特别是在开犁节活

动中吹奏的土制乐器——喇苇，它是用生长在这一地区的一种特殊的植物制作而成的，是当地山民祖祖辈辈吹奏的土乐器。这些体现了这一地区人们独特的审美和情趣的乡土音乐，展示了人们的情感和祈盼，既富于艺术性，又富于情感性，体现了开犁节是当地民众的一个具有浓郁民俗特色和独特艺术魅力的文化表现形式和文化空间。目前，图书馆将这些民间艺术以文字、图片、录音、录像等形式进行全面系统的记录，以多种载体真实而完整地进行记录和保护。

（4）对独特婚俗文化的挖掘与保护

民间音乐在很大程度上都是体现人民的喜怒哀乐情感的需要的。由于梅源一带畲汉杂居，当地的沙铺山歌、畲族民歌成为民俗活动中最精彩的一项内容。畲族本来就是一个能歌善舞的民族，对山歌是人们传情达意和青年男女谈情说爱的主要表现手段，特别是在"三月三"等传统节日中，人们聚集并对歌，是必不可少的一项内容。开犁节民俗活动为人们提供了一个展示和沟通的平台，这些山歌中以抒发男女爱情的主题的山歌最为活跃，因此开犁节也成为青年男女表达爱情的重要节日。他们通过这种民俗聚会，相互了解，表达情感，是一种传统婚恋方式的延续。对这部分文化主要是编辑《云和畲族民歌集》和《沙铺山歌集》等文献资料集加以传承。

（5）对传承人的保护

文物具有实物性特征，与有形文化遗产相比，非物质文化遗产主要是依附人的存在而存在或得以体现，以具体的声音、形象和技艺为表现手段，并以口耳相传作为延续的主要方式。因此，俗话说的"人亡艺绝"，是非常普遍的，这也体现了非物质文化遗产的脆弱性。像开犁节，它以声音、形象、技艺、仪式等为表现手段，依靠特定的民族、特定的人群而存在或得以展示。因此，在对开犁节农耕民俗活动的保护中，人是主要要素。体现在对人的保护上，图书馆通过开展深入的田野调查，对传承开犁习俗的这一特殊群体进行系统而全面的记录。比如，开犁节在哪些村落的特定的人群中传承，他们之间的宗族关系、各种技能经验的获取方式、民间歌手的分布及拜师学习的师承关系等等。对非物质文化遗产中人的因素有一个全面真实的记录，建立传承人基本情况及其相关信息的详细档案。

（6）对环境的保护

任何一种文化都有其自己生存和发展的特定的文化空间。梅源梯田坐落在浙西南山区，是当地的先民们用勤劳和智慧堆砌的一个规模庞大的梯田群，它如练似带，潇洒流畅，气势恢宏，形成妩媚而潇洒的曲线世界。梯田人日出而作，日落而息，布水而饮，耕田而食，独特的地域和人文环境孕育了古朴厚重的农耕文

化。开犁习俗是农耕文明中较普遍的一种习俗，而梅源梯田开犁节由于梯田这一独特地形的空间特殊性，以及当地畲汉杂居而形成的两种文化相互融合的特异性，使梅源梯田开犁节形成一个独特的文化空间，具有特殊环境里天、地、人合一的原生态文化特性。因此在开犁节项目的保护工作中，首先是要保护这个大的文化环境。图书馆凭借这一文化认识高度，积极参与该项目保护规划的制定。目前，通过与梯田周边村民的协商，以合作社的形式，形成对 10 平方公里的梯田群的整体规划，具体包括梯田中的农作物种植、周边的民居建设、道路建设等，切实保护好这里原始古朴的文化环境。

3. 原真性整体性保护实践的启示

（1）尊重文化原生性地方非物质文化遗产的保护，保护的是一个地方的文化传统和文化基因。因此，在保护实践中，保持原有文化生态资源和文化风貌，非常重要。图书馆在资料采集和记录挖掘过程中，也始终体现出这种原真性、整体性原则。比如，对开犁节祭祀仪式中的音乐的记录．我们采用在活动现场录音录像的记录方式，尊重非物质文化遗产资源的文化原生性。

（2）延伸视角，完整展现民俗

图书馆在开犁节项目的保护实践中．还将普查保护的视角延伸到当地其他民俗风情的记录上。生活在这片土地上的祖先们，他们在这特殊的环境中保留的生产生活的技艺，也是我们挖掘和研究的内容。最基本的有盖房时的运输材料、砌石头、上梁等涉及盖房的一系列习俗。

（3）通过民俗展厅建设，整体性展示民俗

非物质文化遗产与文物一样，是人的文化价值的体现，因此，通过非物质文化遗产的表现形态即实物的征集，体现出文物不但是"有形"的，也包括"无形"的这一认识。从开犁节习俗来看，与无形的农耕时代的生产技艺、工艺、音乐、舞蹈，仪式相伴相随的是有形的开犁生产工具、祭祀供品乐器等。在这一指导思想下，鉴于非物质文化遗产的鲜活性和多样性特征，图书馆还积极筹建开犁节民俗展厅，力争通过印刷品、视听、影视、数字化等各种技术手段，全面真实地保护、展示、诠释非物质文化遗产资源。目前，该展厅已收集各类民俗实物 108 件。

丽水文史资料第十二辑《非遗印记》梯田山歌伴我行

蓝宝珠口述　张莉莉整理

与山歌一起成长

梅源梯田是一个规模宏大的梯田群，以崇头镇下垟村为中心，东经 119 度 27 分 45 秒，北纬 28 度 03 分 27 秒，海拔 200—1200 米，总面积近 50 平方公里。这里群山环绕，这里的环境优美，山、

水、梯田、村庄和谐地融为一体。梅源梯田如练似带，从山脚盘绕而上，层层叠叠，高低错落，其线条如行云流水，薄洒柔畅，规模壮观，气势恢弘，具有面积大、线条好、形状美、立体感强的特点，形成妩媚潇洒的曲线世界。都说一方水土养育一方人，1952 年，我就出生在梯田景区内的崇头镇下垟村，因为家里非常贫穷，6 个月的时候，就被附近的人家抱走，当了童养媳，8 岁就跟着爷爷去放牛，爷爷雷德旺是唱畲族山歌的高手，我从小受畲族文化的熏陶，虽然不认识字，但是我极其喜欢唱山歌。爷爷只要唱一遍山歌，我就可以记下来。那个时候生活艰苦，但我心里有山歌陪伴，忧愁之时，唱上几曲，也就忘却了烦恼。每次到山上砍柴，我就对着大山唱山歌："郎那边女这边，隔片山林隔片山。隔片山林出毛笋，留根毛笋结同年。"

　　虽然是童养媳，但是丈夫一直支持我传唱山歌，每一首新的山歌学来，丈夫是我的第一个听众。为了维持家庭的收入，他放弃了自己对山歌的爱好，成了一个地地道道的农民，躬耕农田，过上了日出而作、日落而息的生活。有了丈夫的支持，我可以尽全力传播山歌，形成了具有梅源独特的地方色彩的梯田山歌。

　　因为不认识字，我学唱山歌要比别人更具难度，但是我凭借着对山歌的执着和热爱，用自己的方式认真演唱好每一首山歌。每年附近村里有大的活动，都会邀请我参加演出。可以说只要有山歌的地方，我的歌声就会出现在那里。听到新的山歌，我会认真地听着每一个节奏，凭着超强的记忆，默默地记下歌词，回家慢慢地练习和参悟。

为了唱山歌又不影响邻居的休息，我每天天蒙蒙亮的时候就起床，清脆的山歌伴我在田间山头劳作，让我不知疲惫。而当太阳下山，夜色像块宽大无比的幕布，悄悄地拉开了，罩住了山川、原野。一时远处的群山，都由清晰变模糊了，我深一脚浅一脚地走在回家的路上，山歌就像忠实的伙伴一样陪伴着我。女儿从小受我的感染，也很爱山歌，每回她听到我的歌声，就会独自在家默默练习，也忘了独自在家的害怕。由于深爱山歌，我逐渐成了村里各种表演场合的主要歌手。

山歌伴我行

梅源梯田开犁节是梅源山区每年芒种时令启动夏耕的传统农耕民俗活动，至元末明初形成规模已有600多年历史了。梅源一带自古铁冶、银冶历史悠久。明洪武起，朝廷在处州开设场局开采银矿，云和为重要产区之一。随着采矿业的发展，人口大量聚集，梯田群规模逐渐宏大。每年春末夏初，人们都要举行隆重的迎神和犒牛开犁习俗，民间又称牛大王节，以祈求风调雨顺、国泰民安。至明崇祯年间又一支福建畲民迁居于此，开犁节成为两个民族共同的节日。

开犁节是质朴原始的原生态文化特征，体现了稻作文化的精髓和农耕文明的遗风，农耕民族先民祈求风调雨顺，五谷丰登的朴素愿望，充分展示了山区人民粗犷豪放和勤劳智慧的性格特征，久而久之，形成一个传统文化的综合舞台。鸣喇苇、吼开山号子、芒种犒牛、山歌对唱、祭神田分红肉等丰富的活动内容，从简单的祭典，发展到有一套完整、固定的礼节，形成一套完善的传统民间祭祀仪式。深爱山歌的我在开犁节是最忙的，第一届开犁节在家乡召开，我把毕生会的山歌都唱上，还学会了不少新的山歌："祖先农民开梯田，梯田水面白涟涟；今日举办开犁节，农耕文化传下来。"

我从小受畲族文化的熏陶，爷爷雷德旺、父亲雷忠福、母亲雷瑟花都是我的老师，如今我成为唱山歌的好手。这些年我一直认真研究山歌，我的家乡是一个纯畲族村落，传统民族民间艺术氛围浓厚，有很多喜爱山歌的畲民慕名过来学唱开犁节的山歌，我倾囊相教，把所学的山歌手把手地教给前来学习的畲民，希望更多的人喜欢唱山歌。

开犁节民俗事项丰富，主要活动程序有：设纽、迎神、鸣喇苇、吼开山号子、芒种犒牛、祭神田分红肉、开犁、山歌对唱、祭拜归位等，集中展示山区农民劳动生产中的习俗。

2007 年，第一届梅源梯田开犁节在家乡召开，我有幸参加了这次节日的对唱，看到自己所学的山歌也为这个特别的节日增添色彩，心里高兴极了，感觉山歌像长了翅膀一样飞过全国各地，更加地喜爱唱山歌。2009年，受到各级领导的支持，深爱山歌的我有幸成为丽水非物质文化遗产（民俗：梅源芒种开犁节）项目代表性传承人，同年被评为浙江省非物质文化遗产（民俗：梅源芒种开犁节）项目代表性传承人，云和县非物质文化遗产项目代表性传承人。我的成绩又一次得到了肯定，为了衷心感谢各级领导的关怀，更加努力地去学唱山歌，我凭着自己的一副好嗓子，经常参与镇里组织的各类演出活动，曾作为代表参加过周边市、县的畲族民歌会。在每年的开犁节中我都会去对唱山歌，乐此不疲。

"云和是个好地方，千年遗产留下来。炼银又要用米汤，先开梯田再采银。欢迎贵宾来观光，才知云和在那方。日出雾罩山水明，梯田风光待客情。"感谢山歌伴我行。

作者简介：
蓝宝珠，女，畲族，梅源芒种开犁节省级非遗代表性传承人
张莉莉，女，云和县作家协会理事

后记

　　云和历史悠久，文化底蕴深厚。这是一个地处秀山丽水腹地，有着"山水家园·童话世界"美誉的浙南小城。在这片钟灵毓秀的土地上，数百年来孕育了梅源芒种开犁节、包山花鼓戏、木玩具制作技艺等一大批民间艺术。

　　梅源芒种开犁节至迟形成于明代，是由丰厚的农耕文化形成的民俗活动，深深渗透着"天地人合"的传统思想理念。它历经数百年的传承，创新发展，已形成独特的地域风格和完整的表演形式，也是当地畲、汉两族群众共同的智慧结晶。

　　《梅源芒种开犁节》一书从历史渊源、人文地理、表演形式、文化内涵、礼仪音乐、历史价值等方面系统地介绍了这一民俗活动，同时还简要介绍了和开犁节相关的其他民间艺术形式。本书的出版是对梅源芒种开犁节历史资料的全面梳理和保存，为这一优秀非物质文化遗产的保护、传承和发展奠定良好的基础。

　　《梅源芒种开犁节》一书的付梓，离不开浙江省文化和旅游厅的指导，中共云和县委、县人民政府的高度重视及县文广旅体局、县非遗保护中心的组织实施，更离不开广大参与者的热心支持，尤其是陈正信、王燕萍、吕周亮、陈方伟、练温定、刘裕有、项朝存等人的鼎力相助，他们提供了很多的资料和图片。同时，省市有关专家陈顺水、许林田、徐小龙、黄来松等也做了认真指导并提出宝贵的修改意见，在此一并表示衷心的感谢！

由于我们才疏学浅，编纂过程中难免会出现遗漏和失误，不当之处恳请各位领导、专家、学者及广大读者批评指正。

编著者

2023 年 1 月

图书在版编目（ＣＩＰ）数据

梅源芒种开犁节 / 叶林红，黄来松编著 . —— 杭州：
浙江古籍出版社，2024.5
（浙江省非物质文化遗产代表作丛书 / 陈广胜总主
编）
ISBN 978-7-5540-2708-0

Ⅰ.①梅… Ⅱ.①叶… ②黄… Ⅲ.①农业生产—风
俗习惯—介绍—云和县 Ⅳ.① K892.29

中国国家版本馆 CIP 数据核字 (2023) 第 176121 号

梅源芒种开犁节

叶林红　黄来松　编著

出版发行	浙江古籍出版社	
	（杭州市环城北路177号　电话：0571－85068292）	
责任编辑	徐晓玲	
文字编辑	张紫柔	
责任校对	吴颖胤	
责任印务	楼浩凯	
设计制作	浙江新华图文制作有限公司	
印　　刷	浙江新华印刷技术有限公司	
开　　本	960mm×1270mm 1/32	
印　　张	5.625	
字　　数	104千字	
版　　次	2024 年 5 月第 1 版	
印　　次	2024 年 5 月第 1 次印刷	
书　　号	ISBN 978-7-5540-2708-0	
定　　价	68.00 元	